한식세계화를 위한 한국요리

Korean Cuisine for Globalization

안 종 철

지구문화
JIGU CULTURE

머 리 말

2012년 런던올림픽에서 한국은 금메달 13개로 5위를 차지하였으며, 원정올림픽에서 가장 우수한 실적을 거두어 국민 모두에게 자긍심을 심어 주었습니다.

한국은 1950년대 남북전쟁으로 허리가 잘린 폐허에서 불과 60여년만에 세계 10위권의 국력을 배양하였습니다. 이는 잘 살아보려는 열정과 그를 위한 뜨거운 교육열의 소산이 아닌가 싶습니다.

오늘날 한류열풍이 요원의 불길처럼 전세계로 번져가고 있습니다. 이러한 일련의 현상들은 우연의 일치가 아니라고 생각합니다.

나라마다의 요리문화는 또 하나에 민족의 우수성과 국가발전의 근원입니다. 최근에는 글로벌시대를 맞아 나라마다 자국의 음식을 세계에 알리는 한편, 세계인의 입맛에 맞는 음식을 개발하고 있습니다.

한국음식의 우수성은 이미 여러나라에 알려져 있습니다. 그러나 우리음식도 그들의 입맛과 식문화에 맞추어 병행하고 국제경쟁력을 가질 수 있습니다.

필자는 20여년 간 호텔과 대학에서 서양요리업무에 종사하면서 세계요리를 경험하였으며, 나름대로 한국요리를 배우고 연구하여 오늘에 이르렀습니다.

이러한 경험을 살려서, 이 책은 메뉴마다 한국요리와 어울리는 서양요리를 어울림 메뉴로 구성하였습니다. 서양인들이 좋아하는 요리에 잘 조화되는 한국요리를 곁들여 쉽게 그들의 입맛을 사로잡고 궁극적으로는 한국음식을 선호하는 단계로 발전할 것이며, 점진적으로 한국음식을 세계화할 수 있는 과정이라고 생각합니다.

서양요리와 동양요리를 인지하고 우리 한국요리의 장점을 잘 융합함으로써 한국음식의 세계화는 촉진될 것입니다.

최근 정부에서 활발히 추진하고 있는 한식세계화 정책에 맞추어 선정된 한식특성화 대학교에서 세계적인 한식인재양성을 하는데, 다양한 요리를 공부하는 관련전공 학생과 맛있고 간결한 메뉴를 선호하는 미식애호가, 외식업 창업을 계획하는 분들께 이 책이 작은 보탬이 되기를 바라는 마음 간절합니다.

또한 한식세계화에 맞추어 수록 메뉴 들을 이용하여 국내외에서 창업하고자 하는 분들을 위한 메뉴 지침서가 되기를 희망합니다.

필자가 30여년 전 전통조리과에서 한국음식의 기초를 다지고 이후 연구할 수 있도록 늘 동기를 부여하시고 격려하여 주셨으며, 당시 독보적인 뜨거운 열강으로 한국음식관련 실무능력을 배양하게 하여 주신 (사)한국전통음식연구소 윤숙자 은사님께 먼저 머리 숙여 깊은 감사를 드립니다.

사진촬영을 담당한 전문사진가 장대수님과 편집 및 제작에 심혈을 기울여 주신 지구문화사 주병오 사장님과 주민기 기획실장님 이하 디자이너들께도 깊은 감사를 드립니다. 감사합니다.

기해년 만추에
필자 씀

차 례

Part 1 한식세계화를 위한 한국요리 메뉴

Contents

차 례

Contents

Part 2 창업 성공을 위한 전략

Part I

한식세계화를 위한 한국요리 메뉴

01 멸치국수와 찹스테이크
Anchovy Noodles with Chop Steak

멸치를 우린 구수한 육수에 국수를 삶아 넣어 만든 음식으로 부담없이 먹을 수 있는 면요리이다. 아울러 면요리에서 부족할 수 있는 동물성 단백질을 보강하고 다양한 맛을 느낄 수 있는 안심볶음요리의 어울림메뉴이다.

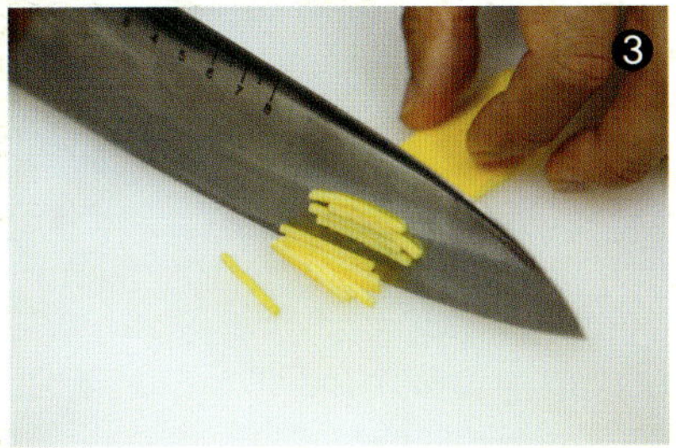

재료 및 분량

멸치국수

국수 70g / 멸치(육수용) 10g / 다시마 10g
대파 10g / 실파 1g / 마늘 5g / 애호박 20g
달걀 1개 / 실고추 0.1g / 간장 5mL
식용유 15mL / 소금, 후추 적당량

찹스테이크

쇠고기(안심) 60g / 양파 30g / 당근 30g
청피망 10g / 홍피망 10g / 황피망 10g
브로커리 10g / 방울토마토 5개 / 양송이 10g
마늘 5g / 토마토페이스트 20g / 밀가루 3g
토마토케첩 5mL / 우스터소스 5mL
버터 20g / 파슬리 1g / 정향 1알
월계수잎 1장 / 검은후추 1알 / 식용유 20mL
소금, 후추 적당량

재료 준비

1. 분량의 물에 국수를 넣고 3분간 삶아 찬물에 헹구어 준비한다.
2. 멸치, 다시마, 향채 등을 이용하여 육수를 끓인다.❶
3. 애호박은 3cm 길이로 돌려깎기하여 1mm 폭으로 채썰어 소금에 버무려 준비한다.
4. 달걀은 흰자와 노른자로 분리하여 각각 분량의 소금을 넣고 고루 섞은 후 체에 내린다.❷
5. 지단을 충분히 식힌 후 3cm 길이와 1mm 두께로 채썬다.❸
6. 쇠고기 안심은 한 변 2cm 크기의 정육면체로 썰고 소금, 후추로 양념하고 밀가루를 살짝 묻혀 준비한다.❹
7. 양파, 피망 등은 한 변 1.8cm 크기의 정사각형으로 썬다.❺
8. 방울토마토는 끓는물에 1초간 데쳐 얼음물에 식힌 후 껍질을 벗긴다.
9. 마늘은 곱게 다져서 준비한다.

만드는 방법

1. 양념한 애호박은 팬에 식용유를 두르고 센불에 살짝 볶아준다.
2. 멸치육수를 20분 정도 끓여준 후 면보에 걸러 간장 소금으로 간을 맞춘다.
3. 중불로 팬을 달군 후 양파, 피망 등의 야채를 볶다가 양념한 쇠고기를 넣고 볶아 준다.❻
4. 쇠고기를 중간 정도 볶아준 후 토마토페이스트를 넣고 골고루 볶으며 레드와인을 넣고 마무리한다.
5. 분량의 밀가루를 넣고 충분히 볶아준다.
6. 토마토케첩, 우스터소스, 향신료 등을 넣고 고루 섞으며 중불에서 볶는다.
7. 분량의 버터와 소금 등을 넣고 고루 섞어 마무리한다.

Point

1. 국수를 삶는 중간에 찬물을 2회 넣고 끓여야 쫄깃한 면발을 얻을 수 있다.
2. 밀가루는 체에 내리며 넣어준다.
3. 토마토페이스트는 떫은맛이 약해질 때까지 볶는다.

02 안심볶음과 토마토소스
Sauted Pork Tenderloin with Tomato Sauce

삶은 메밀국수를 식용유에 볶아 단백하게 맛을 내고 돼지안심을 고추장양념으로 볶아 두부를 곁들인 융합메뉴이다. 더불어 알칼리성의 토마토를 이용하여 만든 소스를 함께하여 음양이 조화되고 맛과 영양성이 보강 된 어울림메뉴이다.

재료 및 분량

메밀국수

메밀국수 80g / 돼지안심 60g / 생강 5g
파 3g / 마늘 5g / 고추장 30mL / 물엿 5mL
두부 70g / 밀가루 10g / 새싹채소 5g
식용유 10mL / 올리브유 5mL
소금, 후추 적당량

토마토소스

양파 10g / 당근 10g / 셀러리 10g / 마늘 5g
올리브유 10mL / 토마토페이스트 20g
백포도주 10mL / 밀가루 20g / 토마토 0.5개
토마토주스 15mL / 생바질 0.5g
오레가노분 1g / 월계수잎 1장 / 파슬리 1g
정향 1알 / 버터 5g / 소금, 후추 적당량

재료 준비

1. 끓는 물에 분량의 식용유를 넣고 메밀국수를 3분간 삶는다.
2. 돼지고기는 길이 4cm 두께 1cm 크기로 썰어 생강즙, 다진 향채 등을 넣고 양념한다.❶
3. 파, 마늘은 곱게 다져서 준비한다.❷
4. 다진 향채와 고추장 등의 양념을 넣고 양념장을 만든다.
5. 두부는 길이 3.5cm 두께 0.8cm 크기로 썰어 소금, 후추를 넣고 양념한다.❸
6. 새싹채소는 깨끗이 씻어 건져 내어 물기를 제거한다.
7. 양파, 당근, 셀러리, 마늘은 잘게 썰어 준비한다.
8. 토마토는 껍질과 씨를 제거한 후 잘게 다진다.

만드는 방법

1. 삶은 메밀국수를 중불의 팬에 기름을 두르고 볶아준다.
2. 양념한 돼지고기를 중불의 팬에 식용유를 두르고 골고루 볶는다.❹
3. 1차 볶은 돼지고기에 고추장 양념장을 넣고 고루 버무린 후 한 번 더 볶아준다.❺
4. 가미한 두부를 중불의 팬에 식용유를 두르고 골고루 굽는다.❻
5. 준비한 향채를 중불의 팬에 넣고 올리브유를 이용하여 골고루 볶아준다.
6. 5에 토마토페이스트를 넣고 볶다가 백포도주를 넣고 볶아준다.
7. 6에 분량의 밀가루를 넣고 골고루 볶아준다.
8. 7에 다진토마토, 주스, 향신료 등을 넣고 10분간 끓여준다.
9. 8을 면보에 걸러준 후 버터를 골고루 녹여주고 가미하여 마무리한다.

Point

1. 메밀국수는 서로 붙지 않게 휘저으며 삶는다.
2. 두부는 밀가루를 살짝 묻혀 노릇노릇하게 지져낸다.
3. 메밀국수는 양념한 후 팬에 볶아 따뜻한 상태로 제공한다.
4. 돼지고기는 다양한 부위를 응용하여 사용할 수 있다.

03 치킨콜든블루와 배숙

Chicken Colden Blue with Boiled Pear

닭가슴살을 이용하여 만든 아름다운 요리로, 가운데에 치즈와 햄을 넣어 만들어 특히 어린이들이 좋아하는 요리이다. 상큼하고 씹히는 맛이 일품인 배숙을 곁들임으로써 편식성을 보완한 어울림메뉴이다.

재료 및 분량

치킨콜든블루

닭고기 120g / 아메리칸치즈 2장
햄슬라이스 2장 / 밀가루 30g / 달걀 1개
빵가루 40g / 식용유 100mL / 양파 10g
당근 10g / 셀러리 10g / 청피망 10g
홍피망 10g / 황피망 10g / 올리브유 10mL
백포도주 5mL / 고추장10mL
소금, 후추 적당량

배숙

배 0.25개 / 통후추 6알 / 생강 10g
설탕 10g / 잣 3알

재료 준비

1. 배는 1/16 등분하여 모서리를 둥글게 다듬는다.
2. 1의 중앙에 통후추를 3알씩 깊숙이 박는다.
3. 생강은 손질하여 납작하게 썰어 준비한다.
4. 닭은 껍질째 0.7cm 두께로 포를 떠 사각형으로 만든 후 소금, 후추로 가미한다.
5. 달걀은 흰자와 노른자를 풀어 섞은 후 체에 내려 준비한다.
6. 양파, 당근, 셀러리 등은 작은 주사위형(small dice)으로 썰어 준비한다.
7. 여분의 야채와 분량의 물을 넣고 끓여 육수(vegetable stock)를 만든다.

만드는 방법

1 .용기에 생강과 분량의 물을 붓고 20분 정도 끓여 면보에 거른다.
2. 용기에 생강물과 배, 설탕을 넣고 30분 정도 끓여준다. ❶
3. 펼친 닭고기의 중앙에 치즈, 햄, 치즈 순으로 놓고 주위의 닭살로 덮어준다. ❷
4. 3에 밀가루와 달걀물을 입힌 후 빵가루를 골고루 입힌다. ❸
5. 170℃ 정도의 식용유에 연갈색이 나도록 노릇노릇하게 튀겨낸다. ❹
6. 5를 면보 위에 올려 여분의 기름을 흡수시킨 후 반분한다. ❺
7. 용기에 다진 양파를 볶다가 분량의 백포도주를 넣고 조린다.
8. 7에 분량의 고추장과 야채육수를 넣고 끓이며 가미하여 고추장소스를 만든다.
9. 중불의 팬에 기름을 두르고 주사위형으로 썰은 야채를 넣고 가미하며 볶는다.
10. 약불에서 30분 정도 끓인 배를 식혀 완성그릇에 담고 차게 식힌 당물을 부어 마무리 한다. ❻

Point

1. 닭을 튀기면 껍질이 오므라들게 되므로 근육의 반대방향으로 잔칼집을 여러 번 넣어 준비한다.
2. 튀김온도가 높으면 커틀렛의 내부가 익지 않고 표면만 타므로 튀기기 전에 빵가루를 조금 떨어뜨려 온도를 확인한 후 튀겨야 한다.
3. 커틀렛이 기름 위로 뜨면 윗면의 색이 잘 나지 않으므로 젓가락을 이용하여 돌려가며 튀긴다.

04 비빔냉면과 해물전골

Cold Buckwheat Noodles Mixed with Korean Condiment & Seafood Stew

감자녹말 등을 혼합하여 만든 면을 삶아 식힌 후 비빔장을 넣고 버무려 만든 면요리로 여름철의 별미라고 할 수 있다. 냉온음식의 조화와 영양을 고려하여 다양한 해물이 어우러진 전골요리를 함께하였으며 더하여 비빔냉면을 양식기에 담아 서양식문화와 융합한 어울림메뉴이다.

재료 및 분량

비빔냉면

면 80g / 실파 7g / 마늘 5g / 생강 2g
고추장 15g / 고춧가루 2g / 깨소금 1g
식초 10mL / 참기름 10mL / 간장 10mL
달걀 1개 / 소금, 후추 적당량

해물전골

갑오징어 60g / 중합 5개
새우(중하) 2마리 / 미더덕 40g / 홍합 6개
배추 30g / 홍고추 0.5개 / 청고추 0.5개
대파 7g / 마늘 5g / 생강 2g / 간장 10mL
소금, 후추 적당량

재료 준비

1. 면은 끓는물에 2분 정도 삶아 얼음물에 넣어 식힌 후 채반에 건져 물기를 제거한다.
2. 파, 마늘은 곱게 다지고 생강은 즙을 만든다.
3. 달걀은 11분 정도 완숙으로 삶아 껍질을 벗겨 반분한다.
4. 갑오징어는 손질하여 껍질을 제거하고 칼집을 넣은 후 등분하여 썬다.
5. 조개, 중하 등은 손질하여 준비한다.
6. 홍고추와 청고추는 길이로 반분하여 씨를 제거하고 어슷하게 썬다.❶

만드는 방법

1. 배추는 2cm×3cm크기로 썰어 전골냄비의 바닥에 깐다.❷
2. 갑오징어, 중하 등의 해산물을 배추 위에 골고루 균형있게 담는다.❸
3. 2에 생선육수를 걸러서 붓는다.❹
4. 다진 파, 마늘, 고추장 등을 고루 섞어 비빔장을 만든다.❺
5. 용기에 비빔장과 냉면을 넣고 고루 섞어 버무린다.❻

Point

1. 조개는 1일전 부터 해감한 후 사용한다.
2. 냉면은 제공하기 직전에 버무려 만든다.
3. 해산물은 살짝 끓여 질감을 유지시킨다.
4. 비빔냉면에 적량의 파인애플을 갈아 넣고 만들 수 있다.

05 김치밥과 알등심스테이크
Kimchi Steamed Rice with Rib Eye Steak

잘 익은 김치를 솥 바닥에 깔고 불린 멥쌀을 넣어 지은 밥으로 돼지고기를 넣어 만들기도 한다. 한국의 대표음식인 김치를 외국인에게 간접적으로 소개할 수 있는 좋은 요리이다.
서양인들이 특히 선호하는 알등심스테이크에 곁들여 지는 기존의 감자요리
등을 대체하여 함께한 영양과 맛이 우수한 어울림메뉴이다.

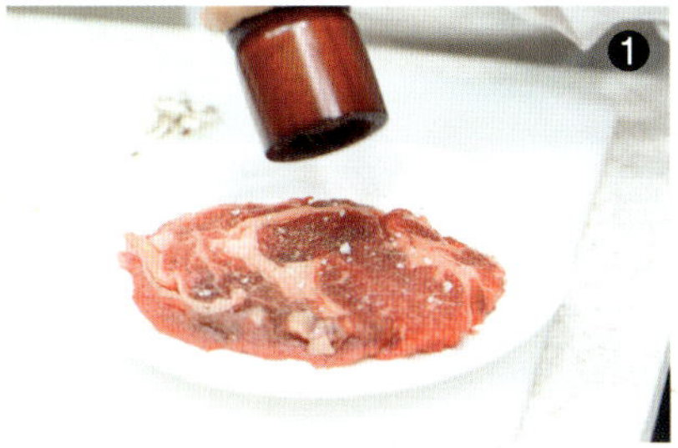

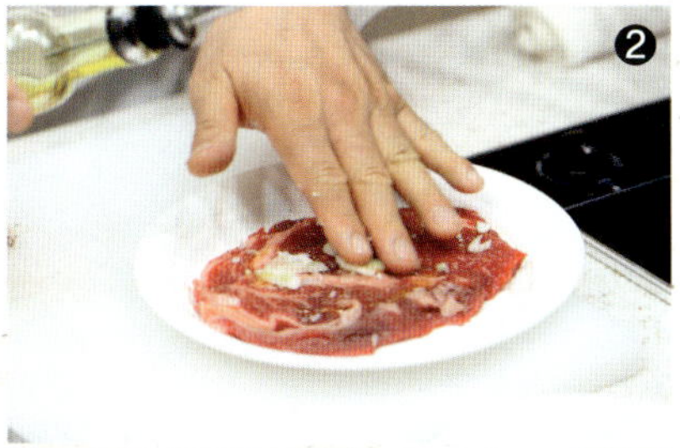

재료 및 분량

김치밥

멥쌀 50g / 대파 3g / 배추김치 50g
깨소금 1g / 참기름 5ml / 소금, 후추 적당량

알등심스테이크

알등심 230g / 통후추 4알 / 대파 7g
마늘 5g / 타임 0.5g / 올리브유 30mL
양파 30g 레드와인 10mL / 고추장 10mL
버터 5g / 새싹채소 5g / 레몬 0.25개
설탕 0.5g / 소금, 후추 적당량

재료 준비

1. 멥쌀은 깨끗이 씻어 일어서 물에 40분 정도 불려 체에 밭쳐 5분 정도 물기를 뺀다.
2. 잘익은 배추를 골라 폭 1cm, 길이 6cm 크기로 썰어 준비한다.
3. 양파, 마늘은 곱게 다져서 준비한다.
4. 스테이크에 소금, 통후추를 뿌려 가미한다.❶
5. 4에 썬 파, 생백리향(타임) 등과 올리브유를 발라 30분간 휴지시킨다. ❷

만드는 방법

1. 중불의 냄비에 버터를 녹이고 다진 파를 넣어 볶아준다.❸
2. 1에 썬 김치를 넣고 골고루 볶아 준다. ❹
3. 2에 불린쌀과 김칫물을 붓고 밥물을 맞추어 중불에서 15분 정도 끓여 밥을 만든다.❺
4. 센불의 팬에 올리브유를 두르고 가미한 스테이크를 넣고 중간(medium)으로 굽는다.❻
5. 올리브유를 이용하여 양파를 볶은 후 적포도주를 넣고 조린다.
6. 5에 고추장을 넣고 가미하여 소스를 만든다.
7. 올리브유, 레몬쥬스, 설탕 등을 고루 섞어 드레싱을 만든다.

Point

1. 김치는 수분이 많으므로 밥물은 약간 적게 부어야 밥이 질지 않다.
2. 완성된 김치밥에 참기름을 넣어 고루 섞은 후 제공하기도 한다.
3. 김치는 약간 시큼하게 익은 것을 사용하는 것이 좋다.
4. 김치가 타지 않도록 불조절에 유의하며 중간에 3회 정도 바닥을 저어준다.

06 열무국수와 살리스베리스테이크

Young Radish Noodles with Salisbury Steak

잘 익은 열무김치의 국물에 국수를 삶아 말아 먹는 면요리로 더위를 이길 수 있는 좋은 음식이다. 살리스베리스테이크는 쇠고기를 다져 여러 향채와 향신료 등을 섞어 만든 것으로 면요리에서 다소 부족할 수 있는 영양성 등을 충분히 보완한 어울림메뉴이다.

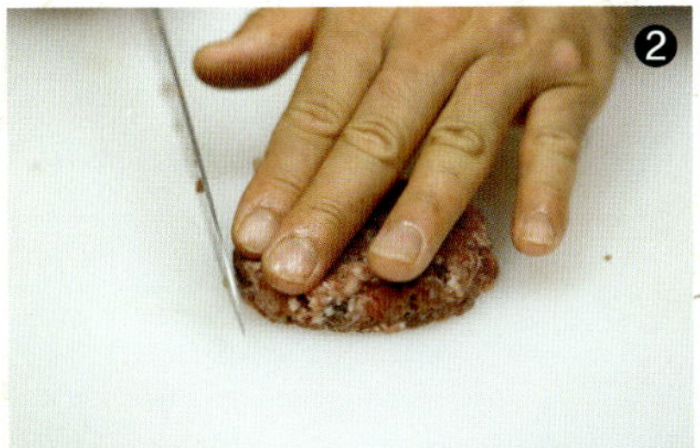

재료 및 분량

열무국수

국수 60g / 열무김치 50g / 달걀 1개
식용유 5mL / 실고추 0.1g
소금, 후추 적당량

살리스베리스테이크

다진쇠고기 110g / 양파 10g / 당근 10g
셀러리 10g / 마늘 5g / 빵가루 10g
새싹채소 5g / 올리브유 10mL
레몬 0.25개 / 설탕 3g / 버터 10g
토마토 0.5개 / 백포도주 5mL
소금, 후추 적당량

재료 준비

1 .분량의 물에 국수를 넣고 2분30초간 삶아 찬물에 헹구어 준비한다.
2. 열무김치는 길이 3cm로 자르고 국물은 걸러서 준비한다.
3. 달걀은 흰자와 노른자로 분리하여 각각 분량의 소금을 넣고 고루 섞어 황백지단을 부친다.
4. 양파, 당근, 셀러리, 마늘은 곱게 다져 준비한다
5. 토마토는 껍질과 씨를 제거하고 잘게 다진다.
6. 새싹채소는 흐르는 물에 씻어 물기를 제거한다.

만드는 방법

1. 다진 쇠고기와 다진 양파, 당근 등을 고루 섞어 반죽을 만든다.❶
2. 쇠고기반죽을 원형의 형태로 성형한다.❷
3. 삶아 식힌 면을 그릇에 소복하게 담는다.❸
4. 3의 중앙에 열무김치, 황백지단을 정갈하게 올린다.❹
5. 중불 팬에 올리브유를 두르고 스테이크를 굽는다.❺
6. 올리브유에 레몬주스, 설탕 등을 넣고 가미하여 드레싱을 만든다.
7. 버터를 녹인 후 다진 양파, 다진 토마토를 넣고 볶은 후 백포도주를 넣고 졸여준다.
8. 구워진 스테이크 위에 새싹채소 샐러드를 정갈하게 담은 후 완성접시로 옮긴다.❻

Point

1. 국수를 삶는 중간에 찬물을 2회 넣고 끓여야 쫄깃한 면발을 얻을 수 있다.
2. 스테이크 반죽은 오래 치대며 눌러주어 차지게 한다.
3. 스테이크는 익으면 수축되므로 완성 모양보다 15%정도 크게 만든다.
4. 스테이크는 익으면 가운데가 볼록해지므로 가운데를 동그랗게 손으로 살짝 눌러 만든다.
5. 팬의 온도가 높으면 표면이 타고 속이 익지 않으므로 중불에서 표면의 색을 낸 후 약불에서 익혀야 한다.

07 참취샌드위치와 식혜

Cooked Groundsel Sandwich with Rice Punch

간편하게 이용할 수 있는 샌드위치는 바쁜 현대인들이 즐겨먹는 간편식으로 특히 청소년들에게 인기 있는 전통적인 서양요리이다. 샌드위치에 부족한 섬유소를 보완하기 위해 참취나물을 더하였다. 참취에는 칼슘, 인, 철분 등이 풍부하며 알칼리성으로 음양의 조화를 잘 이룬다. 더불어 기존의 탄산음료를 대신하여 엿기름물에 밥알을 삭혀 만든 한국의 전통음료를 곁들였다. 균형식과 소화에 도움을 주는 어울림메뉴이다.

재료 및 분량

참취샌드위치

참취 20g / 올리브유 3mL / 식빵 3장
버터 20g / 아메리칸치즈 4장
햄슬라이스 4장 / 방울토마토 2개
소금, 후추 적당량

식혜

엿기름가루 8g / 멥쌀 10g / 설탕 10g
잣 3알

재료 준비

1. 엿기름가루에 30℃의 물을 붓고 30분 정도 불린다.
2. 엿기름을 손으로 비벼서 체에 걸러 건더기를 버리고 1시간 휴지 후에 위에 뜨는 맑은 액만 준비한다.
3. 분량의 멥쌀을 씻어 40분 정도 물에 불려 준비한다.
4. 참취는 끓는물에 소금을 넣고 데쳐서 찬물에 헹구어 식힌다.
5. 4에 분량의 소금과 올리브유를 넣고 고루 무쳐준다. ❶
6. 식빵의 양면에 녹인버터를 골고루 바른다. ❷
7. 방울토마토는 끓는물에 데쳐 껍질을 벗겨 준비한다.

만드는 방법

1. 불린 쌀을 중불에서 30분 정도 가열하여 고슬고슬한 밥을 만든다.
2. 60℃의 보온밥솥에 엿기름물, 설탕, 밥을 넣고 3시간 정도 숙성시킨다.
3. 밥알이 떠오르기 시작하면 건더기를 면보에 거른다.
4. 밥알은 단물이 빠지게 냉수에 20분간 담근 후 건져 식힌다.
5. 엿기름물은 10분 정도 끓인 후 차갑게 식힌다.
6. 약불의 팬에 식빵을 올리고 양면을 노릇하게 굽는다. ❸
7. 구운식빵의 중앙에 치즈를 반듯하게 올린다. ❹
8. 치즈 위에 햄과 참취를 균형있게 올린다. ❺
9. 식빵 3장을 포갠 후 네 변의 주위를 잘라준다. ❻
10. 용기에 식혜를 담고 밥알과 잣을 띄워 낸다.

Point

1. 식빵의 굽는 정도에 유의하고 예리한 칼을 이용하여 자른다.
2. 잣은 고깔을 떼어 면보에 닦아 사용한다.
3. 식혜의 당도는 기호에 따라 조절할 수 있다.

08 햄버거와 오미자화채
Hamburger with Omija Punch

다진 쇠고기로 패티를 만들어 햄버거번 사이에 여러 야채 등과 함께 넣어 만든 간편식으로, 이동식으로 편리한 전통적인 서양요리이지만 곁들여 먹는 튀긴 감자, 탄산음료 등으로 비만의 원인이 되기도 한다.

이를 보완하기 위하여 오미자액에 설탕, 꿀 등을 넣어 만든 오미차 화채를 곁들였으며 독특한 맛으로 인하여 햄버거와 잘 조화되는 어울림메뉴이다.

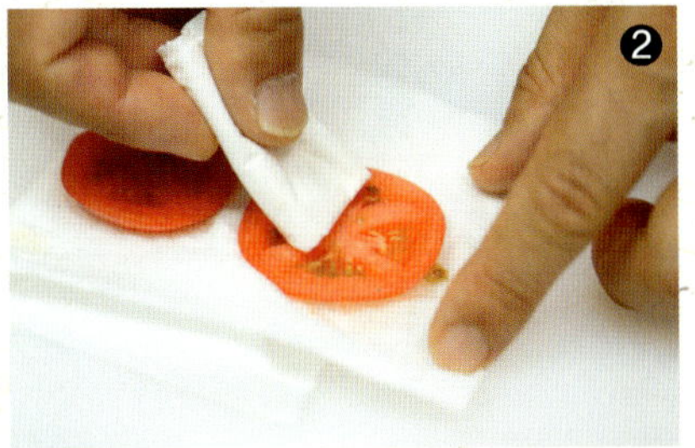

재료 및 분량

햄버거

토마토 0.5개 / 햄버거번 1개 / 버터 10g
양파 10g / 당근 10g / 셀러리 10g
마늘 5g / 올리브유 15mL
다진 쇠고기 70g / 빵가루 10g / 설탕 5g
양상추 10g / 크림치즈 10g
소금, 후추 적당량

오미자 화채

오미자5g / 설탕10g / 꿀3g / 배0.1개
잣3알

재료 준비

1. 오미자를 1분간 물에 불려 불순물을 제거하고 체에 거른다.
2. 1에 물을 붓고 10시간 정도 휴지하여 오미자액을 만든다.
3. 양파, 당근, 셀러리, 마늘은 곱게 다져 준비한다.
4. 중불 팬에 올리브유를 두르고 위를 살짝 볶아 식힌다.
5. 4와 다진 쇠고기 빵가루 등을 넣고 치대어 반죽을 만들어 성형한다.
6. 토마토는 5mm 두께로 썰어 소금, 설탕으로 가미하여 준비한다.❶
7. 절인토마토에 생긴 여분의 즙을 제거한다.❷
8. 햄버거번을 수평으로 반분한다.❸

만드는 방법

1. 햄버거번의 단면에 녹인 버터를 골고루 바른다.❹
2. 양상추는 깨끗이 씻어 물기를 제거한다.
3. 구운 번 위에 양상추, 페티, 양상추, 토마토, 크림치즈 순으로 얹는다.❺
4. 내용물을 균형있게 순서대로 올린 후 상부의 번을 올리고 살짝 눌러준다.❻
5. 오미자액에 분량의 설탕과 꿀을 넣어 당도를 조절한다.
6. 배는 껍질을 벗겨 3mm 두께로 썰어 꽃모양을 만든다.
7. 용기에 오미자액을 담고 배꽃과 잣을 띄워 낸다.

Point

1. 반분한 햄버거번은 약불에서 은근히 구워야 색깔이 골고루 난다.
2. 번을 자를 때는 잘 드는 칼을 사용해야 하며 최소한으로 눌러 모양이 변형되지 않도록 주의한다.
3. 토마토는 일정한 두께로 썰어야 용이하게 균형을 잡을 수 있다.
4. 오미자의 당도는 인공감미료 등으로 대체할 수 있다.

09 생선전과 감자수프

Panfried Filleted Fish with Potato Soup

명태, 도미 등의 흰살 생선에 밀가루와 달걀물을 입혀 팬후라이 한 음식이다. 명절 음식이나 술안주 등으로 많이 이용되는 요리로 초간장을 곁들여 간편하게 먹을 수 있다. 감자와 대파를 볶다가 육수를 넣고 갈아서 만든 감자수프는 담백하고 고소한 맛으로 서로 잘 조화되는 어울림메뉴이다.

재료 및 분량

안심볶음

도미살(흰살생선) 120g / 생강 5g
밀가루 20g / 달걀 1개 / 식용유 30mL
소금, 후추 적당량

감자수프

감자 80g / 대파 20g / 양파 10g
버터 20g / 백포도주 20mL / 닭육수 50mL
우유 40mL / 더블크림 10mL / 차이브 1g
소금, 후추 적당량

재료 준비

1. 생선살을 두께 5mm로 어슷하게 썰어 생강즙, 소금, 흰후춧가루 등을 뿌려 가미한다. ❶
2. 감자는 껍질을 제거하고 얇게 썰어 준비한다. ❷
3. 가미한 생선살에 밀가루를 묻힌다. ❸
4. 밀가루 묻힌 생선살에 달걀물을 골고루 묻히고 여분은 제거한다. ❹
5. 차이브는 잘게 썰어 준비한다.

만드는 방법

1. 중불 팬에 식용유를 두르고 준비한 생선살의 양면을 노릇하게 지져낸다. ❺
2. 중불의 냄비에 버터를 녹이고 다진 대파와 양파를 볶은 후 백포도주로 조린다. ❻
3. 2에 분량의 닭육수와 우유 등을 넣고 10분간 끓여 준다.
4. 3을 믹서에 곱게 간 후 체에 걸러준다.
5. 4를 냄비에 담고 약불에서 끓이며 가미하여 완성한다.

Point

1. 생선포에 밀가루를 묻히고 여분의 밀가루는 털어낸다.
2. 생선전은 약불에서 익히며 색상에 유의한다.
3. 감자수프의 색상을 고려하여 대파는 흰 부분을 사용한다.
4. 감자수프에 크루통(crouton)을 곁들이기도 한다.

10 해물칼국수와 안심스테이크

Seafood Chopped Noodles with Tenderloin Steak

밀반죽을 얇게 밀어 칼로 썰어 면을 만들고 아울러 여러 해산물과 야채를 넣어 만든 면요리로 해물의 여러 맛을 담백하게 느낄 수 있다.
여기에 안심을 구워 만든 스테이크와 적포도주소스를 곁들임으로 동서양의 맛을 한곳에서 느낄 수 있는 영양 많은 어울림메뉴이다.

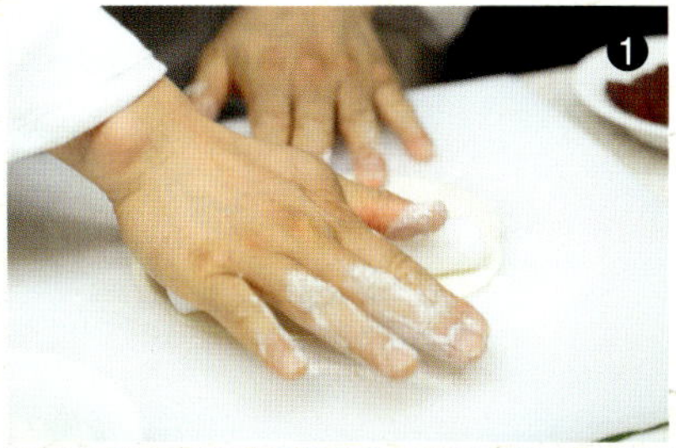

재료 및 분량

해물칼국수

밀가루 30g / 청고추 5g / 홍고추 5g
느타리버섯 20g / 오징어 40g / 중하 2마리
중합 5개 / 홍합 5개 / 실파 20g
간장 2mL / 소금, 후추 적당량

안심스테이크

쇠안심 90g / 올리브오일 10mL / 양파 10g
당근 10g / 셀러리 10g / 마늘 5g
버터 10g / 토마토페이스트 10g
토마토 0.5개 / 적포도주 20mL
포트와인 30mL / 쇠고기육수 30mL
생백리향(타임) 0.1g / 월계수잎 1장
통후추 2알 / 소금, 후추 적당량

재료 준비

1. 휴지한 밀반죽을 밀대를 이용하여 두께 1mm으로 얇게 민다.❶
2. 넓적하게 민 반죽 위에 밀가루를 골고루 뿌리고 4번 접어 3mm 간격으로 썬다.❷
3. 쇠안심은 소금, 후추, 올리브오일 등으로 양념하여 휴지시킨다.
4. 양파, 당근, 셀러리, 마늘은 잘게 썰어 준비한다.
5. 청홍고추는 골패형으로 썰고 느타리버섯은 손질하여 불순물을 제거한다.
6. 오징어 등의 해산물을 깨끗이 손질하여 물기를 제거한다.

만드는 방법

1. 손질한 여러가지 야채와 해물을 전골냄비에 균형있게 담는다.❸
2. 중불의 팬에 버터를 녹이고 여분의 향채를 골고루 볶다가 토마토페이스트를 볶다가 적포도주를 넣는다.❹
3. 적포도주와 토마토페이스트를 섞어 주며 조린다.❺
4. 3을 30분 정도 끓여준 후 체에 걸러 가미하여 사용한다.
5. 중불의 팬에 가미한 안심을 넣고 굽는다.❻

Point

1. 칼국수면을 미리 삶지 않고 육수와 내용물을 끓이다 넣는다.
2. 해산물은 많이 익으면 질겨지므로 주의하여 살짝 익힌다.
3. 안심은 중간(medium) 정도 구우며 표면이 타지 않도록 유의한다.

11 닭찜과 새우리소토
Stewed Chicken with Shrimp Risotto

닭을 손질하고 등분하여 표고버섯, 양파 등과 어우러 볶다가 간장 등을 가미한 요리로, 예로부터 수라상에서 백성들에게까지 즐겨 애용되었으며 주안상에도 잘 어울린다. 멥쌀을 버터에 볶다가 닭육수 등을 넣고 볶으며 만든 서양식 쌀요리로 담백하고 고소한 맛이 일품이다. 약간 매콤한 닭찜과 잘 조화되는 어울림메뉴이다.

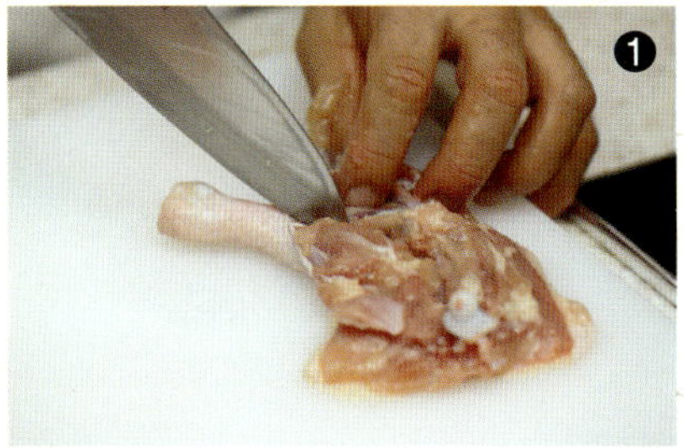

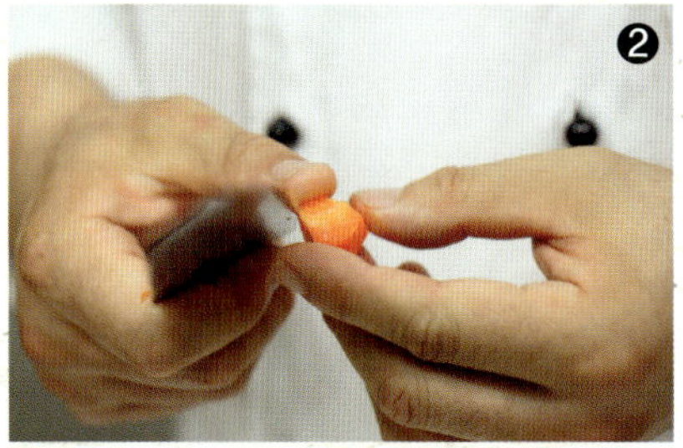

재료 및 분량

닭찜

닭 180g / 마늘 5g / 생강 2g / 청주 70mL
양파 30g / 표고버섯 1개 / 당근 30g
대파 20g / 홍고추 0.5개 / 식용유 30mL
간장 20mL / 물엿 10mL / 참기름 5mL
소금, 후추 적당량

새우리소토

멥쌀 40g / 양파 10g / 새우(소) 30g
버터 10g / 닭육수 50mL / 우유 20mL
차이브 3g / 생백리향(타임) 0.5g
소금, 후추 적당량

재료 준비

1. 닭을 분해하여 뼈와 살로 나누고 살은 4cm크기로 등분한다.❶
2. 1에 생강, 청주 등을 넣고 가미하여 10분간 휴지시킨다.
3. 당근은 각변 2.5cm의 정육면체로 썰어 모서리를 둥글게 다듬는다.❷
4. 표고버섯, 대파 등은 각변 2.5cm 크기로 썬다.
5. 양파와 차이브는 다져서 준비한다.
6. 달걀은 황백으로 나누어 적량의 소금을 각각 넣고 고루 섞어 체에 거른 후 지단을 부친다.❸
7. 은행은 중불의 팬에 기름을 두르고 볶아서 속껍질을 벗긴다.❹

만드는 방법

1. 중불의 냄비에 식용유를 두르고 당근 등의 야채를 볶는다.
2. 1에 가미한 닭고기를 넣고 골고루 볶으며 간장 등을 뿌려 넣는다.
3. 충분히 볶아진 후에 물엿 등과 닭육수를 넣고 중불에서 조려준다.
4. 중불의 팬에 버터를 녹이고 불린 쌀을 볶아 리소토를 만든다.❺
5. 새우는 손질하여 버터를 이용하여 볶는다.
6. 원형의 틀에 볶은 새우와 리소토를 균형있게 담아 성형한다.❻
7. 충분히 익은 닭찜을 용기에 담고 은행 등으로 고명한다.

Point

1. 생강은 즙을 내어 사용한다.
2. 닭고기와 야채를 무르게 익힌 후 참기름을 넣어 윤기를 낸다.
3. 닭찜의 맛은 약간 매우며 야채와 닭고기의 맛이 잘 어우러져야 한다.
4. 닭찜에는 떡볶이떡, 고구마, 감자, 등의 재료를 기호에 맞게 넣어 만들 수 있다.
5. 야채를 살짝 볶다가 닭고기를 넣으면 바닥에 눌러붙는 것을 방지할 수 있다.

12 비빔국수와 쇠고기스트로가노프
Mixed Noodles with Beef Stroganoff

삶은 국수를 고추장 양념장으로 버무리고 오이, 황백지단 등으로 고명한 음식으로, 장국수와 대비되는 면요리 이며 다이어트에 도움이 된다.
더불어 러시아에서 유래된 쇠고기스트로가노프는 양념한 안심을 볶아 사우어 크림 등을 발라 먹는 요리로 서양인들에게 많이 애용하고 있다. 매콤한 면요리와 새콤한 쇠고기요리가 잘 조화되는 어울림메뉴이다.

재료 및 분량

비빔국수

국수 70g / 오이 20g / 대파 10g / 실파 1g
마늘 5g / 간장 3mL / 참기름 5mL
고추장 10g / 깨소금 1g / 달걀 1개
식용유 5mL / 실고추 0.1g
소금, 후추 적당량

쇠고기스트로가노프

쇠안심 70g / 통후추 2알
생백리향(타임) 0.5g / 마늘 5g / 밀가루 5g
올리브유 20g / 피클 20g / 머스타드 10mL
사우어크림 10mL / 양상추 20g
방울토마토 2알 / 소금, 후추 적당량

재료 준비

1. 국수는 끓는물에 2분30초간 삶아 얼음물에 담가 식힌 후 물기를 제거한다.
2. 오이는 돌려깎기하여 곱게 채썬다.
3. 대파, 실파, 마늘은 곱게 다져서 준비한다.
4. 달걀은 황백으로 나누어 적량의 소금을 각각 넣고 고루 섞어 체에 거른 후 지단을 부친다.
5. 쇠안심은 1cm×1cm×6cm 크기로 등분하여 소금, 통후추 등으로 가미하여 10분간 휴지한다.❶
6. 5에 밀가루을 골고루 입히고 여분은 털어 낸다.❷
7. 양상추는 물에 담가 씻어 물기를 제거하고 방울토마토는 끓는물에 1초간 데쳐 껍질을 벗겨 준비한다.

만드는 방법

1. 다진 실파 등을 용기에 담고 여러 양념들을 혼합한다.❸
2. 1에 고추장과 참기름을 넣고 고루 혼합한다.❹
3. 센불의 팬에 기름을 두르고 가미한 안심을 중간 정도(medium)로 익힌다.❺
4. 황백지단은 각각 곱게 채썰어 준비한다.
5. 고추장 양념장에 삶아 식힌 국수를 넣고 고루 버무려준다.❻

Point

1. 국수는 삶은 후 약간의 참기름에 버무려 준비하면 서로 붙는 것을 방지할 수 있다.
2. 안심은 많이 구우면 질겨지므로 센불에서 알맞게 익힌다.
3. 비빔국수는 양념장을 면 위에 올려 제공하거나 이용직전에 버무려 낸다.

13 쇠고기꼬치와 샴페인소스

Beef Brochette with Champagne Sauce

부드러운 안심을 백리향 등으로 가미하여 풍미를 증진한 후 여러 야채와 함께 끼워 만든 꼬치요리로 다양한 맛을 빼어 먹는 재미있는 음식이다. 영양의 균형을 위하여 오곡리소토를 곁들였으며 한국인이 좋아하는 콩나물을 곁들여 깔끔한 맛을 보완하였다. 샴페인소스를 곁들이면 서로의 맛이 더욱 잘 조화되는 어울림메뉴이다.

재료 및 분량

쇠고기꼬치

오곡(찹쌀, 검은콩, 차조, 붉은팥, 차수수) 60g
버터 20g / 양파 40g / 쇠고기안심 80g
생백리향(타임) 0.5g / 단호박 40g
당근 40g / 애호박 40g / 올리브유 20mL
마늘(대) 1개 / 콩나물 70g / 실파 7g
마늘 3g / 고춧가루 1g / 참기름 2mL
깨소금 1g / 소금, 후추 적당량

샴페인소스

버터 20g / 셜롯 10g / 샴페인 20mL
우유 30mL / 더블크림 20mL
소금, 후추 적당량

재료 준비

1. 오곡을 씻어 1시간 정도 물에 불린다.
2. 양파의 9할은 각 변 3cm의 사각형으로 썰고 1할은 곱게 다져 준비한다.
3. 단호박, 당근 등은 각 변 3cm의 사각형으로 썰어 소금을 뿌려 준비한다.
4. 실파, 마늘은 곱게 다져 준비한다.
5. 콩나물은 깨끗이 씻어 소금물에 데쳐 준비한다.
6. 중불의 냄비에 버터를 녹이고 다진 양파를 볶다가 불린 오곡을 넣고 고루 볶아준다. ❶

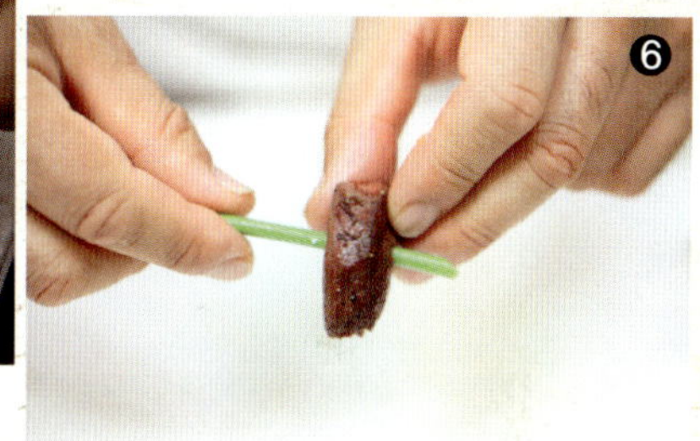

만드는 방법

1. 쇠고기안심은 가미하여 중간 정도(medium)로 굽는다. ❷
2. 구운 안심을 각 변 3.3cm 크기의 사각형으로 썬다. ❸
3. 사각썰기한 야채를 센불의 팬에서 살짝 볶아 식힌다. ❹
4. 실파, 마늘 다진 것과 여러 양념을 넣어 혼합한 후 콩나물을 넣고 고루 버무린다. ❺
5. 중불의 팬에 버터를 녹이고 다진 셜롯을 볶다가 샴페인을 넣고 조린 다음 우유 등을 넣고 끓여 샴페인소스를 만든다.
6. 쇠고기와 야채의 중심에 구멍을 만들고 마늘대를 이용하여 균형있게 꽂는다. ❻
7. 6에 올리브유를 고루 바르고 170℃의 오븐에서 20초간 구운 후 제공한다.

Point

1. 쇠고기 익히는 정도에 유의한다.
2. 꼬치는 살라만다나 오븐을 이용하여 데운 후 제공한다.
3. 관련 재료는 적당히 익혀 질감을 유지한다.
4. 소스는 부드러운 맛을 내야 하며 색상과 농도에 유의한다.

14 쇠고기산적과 키위샐러드

Skewered Beef with Kiwi Salad

쇠고기 등심부위를 길이로 잘라 양념장에 버무리고 어울리는 야채를 함께 꽂아 구운 요리로 명절이나 혼례 때 교자상에 어울리는 색감있는 요리이다.

싱싱한 과일샐러드을 곁들이므로 색감의 조화를 높이고 영양의 균형을 이루고자 하였다.

키위 1개에는 인체가 필요로 하는 1일의 비타민 C 총량이 함유되어 있어 활기찬 생활에 도움을 주는 어울림메뉴이다.

재료 및 분량

쇠고기산적

쇠고기(등심) 60g / 파 7g / 마늘 3g
간장 3mL / 참기름 3mL / 당근 70g
호박 70g / 대꼬치 4개 / 밀가루 2g
식용유 20mL / 잣 2알 / 소금, 후추 적당량

키위샐러드

키위 2개 / 백포도주 10mL
플레인요구르트 40mL / 올리고당 5mL
소금 적당량

재료 준비

1. 파, 마늘은 곱게 다져서 준비한다.
2. 1과 간장, 참기름을 섞어 양념장을 만든다.
3. 쇠고기는 1cm×1cm×7cm 크기로 썰어 양념장에 버무려 휴지시킨다.
4. 당근, 호박은 쇠고기보다 20% 작게 썰어 소금으로 버무린다.
5. 키위의 양끝을 수평으로 자르고 길이방향으로 껍질을 벗겨준다.❶
6. 껍질 벗긴 키위를 각 변 1.5cm크기의 정육면체로 썬다.❷

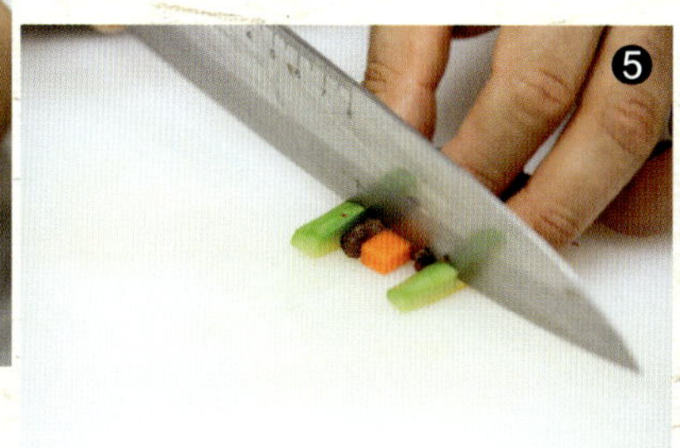

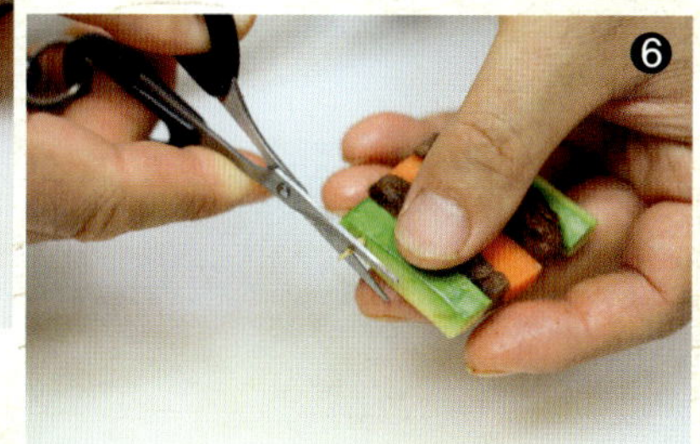

만드는 방법

1. 플레인요구르트와 올리고당 등을 섞어 드레싱을 만들고 자른 키위를 골고루 버무린다.❸
2. 대꼬치를 이용하여 쇠고기와 성형한 야채를 고르게 꽂아 준다.❹
3. 2에 밀가루를 뿌려 여분은 털어내어 준비한다.
4. 중불의 팬에 기름을 두르고 산적의 양면을 익혀준다.
5. 익힌 산적의 끝선을 일정하게 다듬어 준다.❺
6. 산적의 양쪽으로 나온 꼬치의 일부를 안전하게 잘라준다.❻

Point

1. 백포도주는 1/2로 졸여서 사용한다.
2. 잣은 고깔을 제거하고 면보로 닦은 후 한지 위에서 다져 사용한다.
3. 키위드레싱은 묽지 않아야 한다.
4. 쇠고기와 야채는 각각 초벌구이 하여 꽂아 만들 수 있다.

15 볶은김치와 전복스테이크

Sauted Kimchi with Abalone Steak

한국의 대표음식 중 하나인 김치는 한류열풍과 함께 세계인의 입맛에도 신선하게 다가가고 있다. 김치의 독특한 맛은 서양요리의 특색과 잘 어울려 혼합메뉴에 다양하게 적용할 수 있다. 세계인에게 두루 사랑받고 있는 고급해산물 중 하나인 전복스테이크에 파프리카 크림소스를 함께하여 메뉴의 여러 요소가 잘 조화되는 어울림메뉴이다.

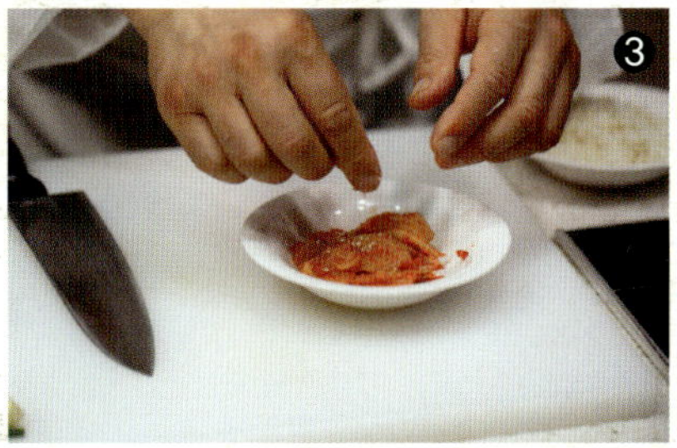

재료 및 분량

볶음김치와 전복스테이크

멥쌀 40g / 전복 110g / 레몬 0.25개
대파 10g / 양파 15g / 통후추 3알
월계수잎 1장 / 생백리향(타임) 0.5g
우유 15mL / 우스타소스 3mL / 밀가루 3g
버터 30g / 열무 40g / 올리브유 10mL
단호박 30g / 식용유 10mL / 배추김치 30g
실파 2g / 참기름 10mL / 깨소금 1g
백포도주 20mL / 더블크림 20mL
파브리카분 1g / 파슬리 5g
소금, 후추 적당량

재료 준비

1. 분량의 멥쌀을 깨끗이 씻어 물에 불린다.
2. 전복살을 껍질로부터 분리하여 향채 등과 함께 1시간 삶는다.❶
3. 열무는 다듬어 씻은 후 5cm 길이로 썰어 소금에 버무려 준비한다.❷
4. 잘 익은 김치의 수분을 반 정도 제거하고 깨소금 등으로 양념한다.❸
5. 단호박은 껍질을 제거하고 성형한다.
6. 파슬리는 곱게 다져 준비한다.

만드는 방법

1. 불린 쌀을 적량의 물과 함께 냄비에 담고 30분간 가열하여 밥을 짓는다.
2. 중불의 팬에 식용유를 두르고 양념한 김치를 볶아준다.❹
3. 중불의 팬에 버터를 녹이고 소금에 절인 열무를 볶아준다.❺
4. 1시간 삶은 전복의 양면에 칼집을 넣어준다.❻
5. 버터에 다진 양파를 볶다가 백포도주로 조린 후 크림과 파프리카분을 넣어 소스를 만든다.
6. 우유, 우스타소스로 가미한 전복에 밀가루를 묻혀 중불의 팬에서 굽는다.
7. 밥을 참기름으로 가미한 후 중앙에 볶은김치의 일부를 넣고 원형으로 말아 주먹밥을 만든다.

Point

1. 곁들임 야채는 살짝 볶아 색과 영양소를 유지한다.
2. 전복은 손질한 후 양파, 대파, 월계수잎, 통후추를 넣고 약불에서 삶는다.
3. 밥은 고슬고슬하게 짓는다.

16 메밀국수와 해물그라탱
Buckwheat Noodles with Seafood Gratin

이효석의 〈메밀꽃 필 무렵〉으로 잘 알려진 메밀은 인체가 필요로 하는 필수 아미노산을 다량 함유하고 있는 건강식품이다.
시원한 육수와 함께 버무려 먹으면 여름철 더위를 이기는 데도 많은 도움을 주는 요리이다. 이와 곁들여서 여러 해산물과 야채를 아울러 담고 크림소스와 치즈로 덮어 구운 해물그라탱 요리를 함께함으로써 스테미너 증진에도 도움을 주는 어울림메뉴이다.

재료 및 분량

메밀국수

메밀면 60g / 다시마 30g / 가쓰오부시 5g
미림 20mL / 간장 20mL / 설탕 10g
무 40g / 와사비분 1g / 실파 7g / 김 1g
소금, 후추 적당량

해물그라탱

중하 3마리 / 대구살 30g / 홍합 5개
중합 5개 / 관자살 40g / 레몬 0.5개
로즈마리 0.5g / 버터 20g / 홍피망 10g
황피망 10g / 청피망 10g / 양파 20g
마늘 5g / 셜롯 3g / 백포도주 20mL
우유 40mL / 더블크림 60mL / 달걀 1개
모짜렐라치즈 40g / 차이브 0.5g
소금, 후추 적당량

재료 준비

1. 메밀면을 끓는물에 넣고 2분30초간 삶아 준다.
2. 분량의 물에 미림, 간장, 설탕을 넣고 한 번 끓으면 불을 끄고 가쓰오부시를 넣고 3분 후 체에 걸러 소바다시를 만든다.
3. 무는 갈아서 즙을 만들고 실파와 김은 5cm 크기로 썰어 준비한다.
4. 와사비분은 온수에 버무려 준비한다.
5. 중하, 대구살 등의 해산물은 손질하여 레몬주스 등으로 가미하여 휴지한다.
6. 홍피망, 황피망, 청피망, 양파는 각 변 1cm 크기로 사각썰기 한다.
7. 마늘은 곱게 다져서 준비한다.

만드는 방법

1. 중불의 팬에 사각썰기한 야채를 넣고 살짝 볶아 준다.❶
2. 가미하여 데친 해산물과 야채를 고루 섞어 그라탱용기에 담는다.❷
3. 중불의 팬에 버터를 녹이고 다진 셜롯을 볶다가 백포도주를 넣고 조려준다.
4. 3에 우유와 더블크림을 넣고 저으며 약불에서 끓인다.❸
5. 4의 가열을 중단하고 달걀노른자를 넣고 고루 섞어준다.❹
6. 그라탱용기의 해산물 위에 소스를 골고루 부어준다.❺
7. 6 위에 치즈를 골고루 뿌려주고 살라만다에서 3분간 구워 만든다.
8. 삶은 메밀면을 용기에 담고 고명한 후 육수를 부어 준다.❻

Point

1. 버터를 그라탱용기 내부에 골고루 바른 후 익힌 해산물을 넣는다.
2. 메밀면은 제공 직전에 육수를 부어낸다.
3. 달걀은 노른자만 사용하고 소스의 농도는 약간 묽어야 한다.
4. 중하는 껍질을 벗긴 후 꼬치를 이용하여 내장을 제거한다.
5. 그라탱에 들어가는 해산물은 90% 정도 익힌 후 사용한다.

17 삼겹살구이와 인삼크림소스

Broiled Pork Belly with Ginseng Cream Sauce

삼겹살구이는 한국인이 가장 좋아하는 음식중 하나로 일반적으로 육질상태로 구워먹기도 하나 고추장양념에 버무려 구우면 돼지고기의 풍취를 감소시키며 독특한 맛을 얻을 수 있다. 밥과 함께 먹으면 더욱 식감을 촉진하는 요리이다.

더불어 백포도주와 크림에 인삼즙을 넣어 만든 소스를 함께하면 서로 잘 조화되는 어울림메뉴로 탄생한다.

재료 및 분량

삼겹살구이

현미멥쌀 20g / 현미찹쌀 20g / 삼겹살 70g
생강 2g / 고추장 20g / 파 10g / 마늘 5g
참기름 5mL / 간장 2mL / 깨소금 1g
식용유 5mL / 올리브유 20g
느타리버섯 20g / 단호박 30g
브로콜리 10g / 생백리향(타임) 0.5g
소금, 후추 적당량

인삼크림소스

버터 10g / 설롯 3g / 백포도주 50mL
우유 30mL / 인삼 20g / 더블크림 10mL
소금, 후추 적당량

재료 준비

1. 현미쌀은 깨끗이 씻어 40분간 물에 불린다.
2. 파, 마늘은 곱게 다져서 준비한다.
3. 느타리버섯 등의 야채는 손질하여 성형한다.
4. 생강은 껍질을 제거하고 강판에 갈아 즙을 만든다.❶
5. 인삼은 손질하여 강판에 갈아 즙을 만든다.❷
6. 삽겹살의 결 반대방향으로 칼집을 만든다.❸
7. 삼겹살에 생강즙 등으로 가미하여 휴지한다.
8. 분량의 고추장, 다진 파, 다진 마늘, 정제수, 깨소금 등을 넣고 골고루 섞어 양념장을 만든다.❹

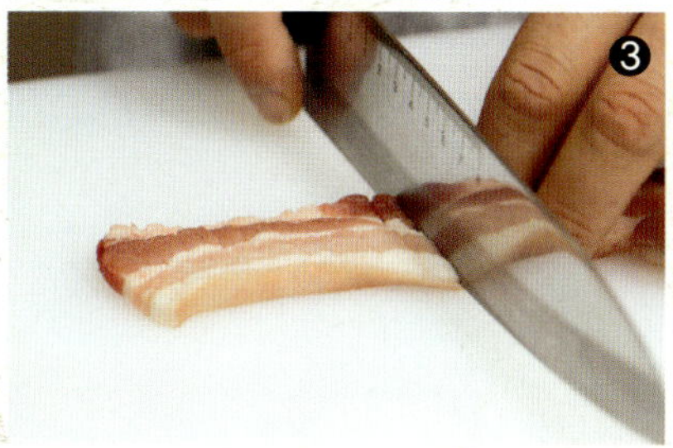

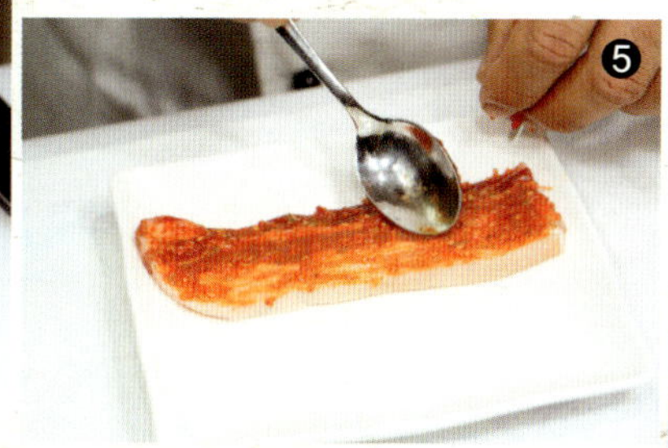

만드는 방법

1. 불린 현미쌀을 이용하여 밥을 짓는다.
2. 가미한 삼겹살에 양념장을 고루 바른다.❺
3. 중불의 팬에 버터를 녹이고 설롯을 볶다가 백포도주를 넣고 조린다.
4. 3에 인삼즙과 크림을 넣고 끓인다.❻
5. 느타리버섯과 단호박은 버터를 이용하여 굽고 브로콜리는 버터육수에 넣어 익힌다.
6. 중불의 팬에 양념한 삼겹살을 넣고 굽는다.

Point

1. 삼겹살을 초벌구이 한 후 양념장을 발라 구울 수도 있다.
2. 고추장 양념을 바른 삼겹살은 구울 때 불조절에 유의한다.
3. 고추장 양념은 약간 매워야 한다.
4. 인삼소스의 농도는 약하게 흐르는 정도가 좋다.

18 치킨롤과 원소병
Chicken Roll with Small Dumpling Punch

부드러운 닭가슴살의 껍질을 제거하고 여러 야채를 다듬어 속재료로 넣고 원형으로 말아 팬후라이한 것으로 대표적인 서양식 닭고기 요리이다. 영양소가 고루 함유되어 있고 머스타드소스와 함께 하면 더욱 풍미를 증진한다.

원소병은 찹쌀가루에 여러 가지 천연색소를 넣어 작은 경단을 만들고, 중앙에 소를 넣어 당물에 띄워 만든 음료이며, 경단의 씹히는 맛이 일품인 한국의 전통음료로 치킨롤과 서로 잘 조화되는 어울림메뉴이다.

❶

❷

❸

재료 및 분량

치킨롤

닭가슴살 100g / 로즈마리 0.5g / 통후추 2알
월계수잎 1장 / 아스파라거스 1개 / 양파 20g
당근 10g / 시금치 10g / 밀가루 20mL
달걀 1개 / 빵가루 30g / 식용유 30mL
버터 10g / 셜롯 5g / 머스타드 10mL
소금, 후추 적당량

원소병

찹쌀가루 20g / 쑥가루 0.5g / 딸기가루 0.5g
치자가루 0.5g / 대추 5g / 유자청 5g
설탕 3g / 꿀 10g / 녹말 4g / 잣 3알
소금 적당량

재료 준비

1. 닭가슴살을 5mm 두께로 포 떠서 로즈마리 등으로 가미하여 휴지한다.
2. 1을 넓게 펼쳐 놓고 밀가루를 골고루 뿌려준다.❶
3. 아스파라거스는 다듬어 준비한다.
4. 당근, 양파는 채썰어 살짝 볶아 준비한다.
5. 시금치는 데쳐서 가미한다.
6. 분량의 물에 설탕, 꿀 등을 넣어 당물을 만들어 식힌다.

4

❺

❻

만드는 방법

1. 2 위에 준비한 야채를 균일하게 펼쳐 배열하고 말아준다.❷
2. 1에 밀가루와 달걀물을 묻히고 빵가루를 균일하게 입힌다.❸
3. 중불의 팬에 식용유를 두르고 2를 돌려가며 굽는다.❹
4. 3을 알맞게 등분한다.❺
5. 찹쌀가루는 4등분하여 70℃의 물을 넣고 익반죽한다.
6. 대추, 유자청 등을 섞어 소를 만든다.
7. 5를 직경 1cm 크기의 구형으로 성형하고 중앙에 준비한 소를 넣어 만든다.
8. 7에 녹말가루를 입힌 후 끓는 물에 넣어 15초간 익힌 후 찬물에 식힌다.
9. 버터에 다진 셜롯을 볶다가 머스타드를 넣고 끓여 소스를 만든다.
10. 용기의 중앙에 8을 균형있게 담고 당물을 부어 마무리한다.❻

Point

1. 닭가슴살의 빵가루가 타지 않도록 중불에서 돌려가며 굽는다.
2. 치킨롤에 들어가는 속재료는 색상을 고려하여 배열한다.
3. 쌀가루 반죽은 질지 않게 유의한다.

19 편수와 오징어샐러드
Squared Dumpling Soup with Squid Salad

만두피에 다진 쇠고기, 채소, 잣 등을 넣어 만든 여름철 별식으로 영양도 풍부하고 보양에도 도움이 되는 음식이다. 육수 없이 쪄서 초간장과 함께 먹기도 한다.

오징어에는 타우린이 풍부하여 피로를 줄이고 원기를 회복하는 기능이 있어 좋은 식재료이다. 여기에 색감있는 야채를 곁들여 만든 샐러드는 차가운 편수와 잘 조화되는 어울림메뉴이다.

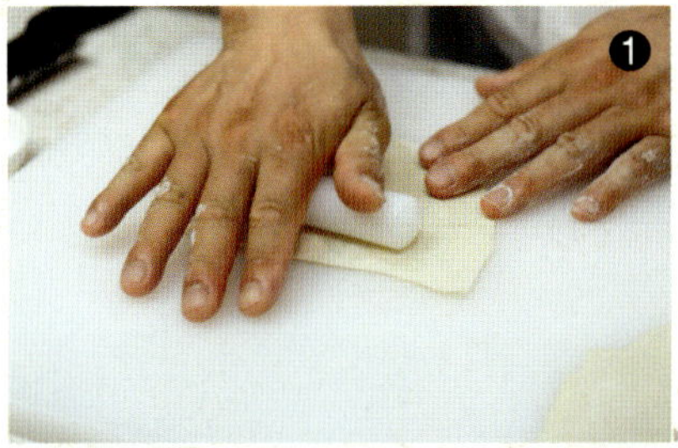

재료 및 분량

편수

쇠고기(양지) 30g / 밀가루 50g / 대파 10g
마늘 5g / 간장 5mL / 숙주 30g
애호박 30g / 다진쇠고기(우둔) 30g
표고버섯 5g / 실파 2g / 참기름 1mL
깨소금 1g / 잣 7알 / 달걀 1개
식용유 5mL / 소금, 후추 적당량

오징어샐러드

오징어 50g / 레몬 0.5개 / 양상추 20g
양파 30g / 홍피망 5g / 황피망 5g
청피망 5g / 올리브오일 30mL
백포도주 5mL / 올리고당 10mL
소금, 후추 적당량

재료 준비

1. 파, 마늘은 곱게 다져서 준비한다.
2. 쇠고기는 대파 등과 함께 분량의 물을 붓고 3시간 정도 끓여 육수를 만든다.
3. 달걀은 황백으로 나누어 적량의 소금을 각각 넣고 고루 섞어 체에 거른 후 지단을 부친다.
4. 지단은 마름모형으로 잘라 준비한다.
5. 밀가루는 분량의 물을 넣고 반죽하여 30분간 휴지한다.
6. 숙주는 데쳐서 물기를 제거하고 애호박은 채썰어서 가염 후 볶아 식힌다.
7. 표고버섯은 곱게 채썰어서 다진쇠고기와 함께 간장양념한다.
8. 다진쇠고기, 숙주 등을 넣고 치대어 편수소를 만든다.
9. 오징어는 손질하여 껍질을 벗기고 레몬 등으로 가미한다.
10. 양상추는 손질하여 뜯고 양파, 등은 채썰어 준비한다.

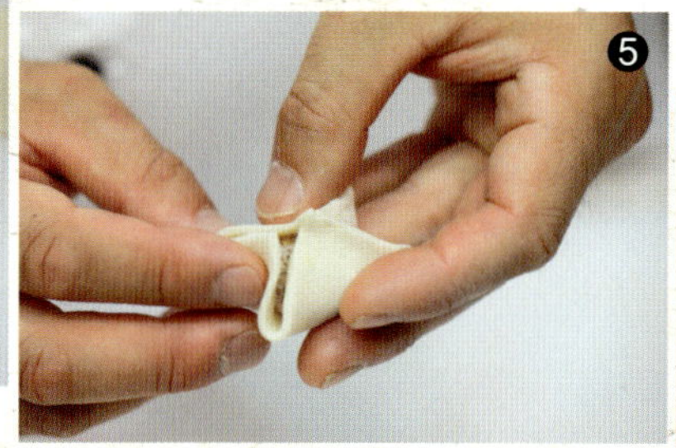

만드는 방법

1. 휴지한 반죽을 밀대로 고르게 밀어 두께 1mm로 균일하게 만든다.❶
2. 1을 각 변 5cm의 정사각형으로 자른다.❷
3. 2의 중앙에 균일한 크기의 편수소를 올린다.❸
4. 3의 주변에 접착성 향상을 위하여 물을 발라준다.❹
5. 만두피의 중앙으로 네 개의 꼭지점을 모아 준다.❺
6. 5의 네 변을 꼭 눌러서 붙여 준다.❻
7. 찜통에 면보를 깔고 편수를 올려 5분간 찐다.
8. 식힌 육수를 가미하여 용기에 담고 편수를 넣고 고명을 올려 완성한다.
9. 올리브유에 백포도주, 올리고당 등을 넣고 드레싱을 만든다.

Point

1. 잣은 고깔을 따고 면보에 깨끗이 씻어 사용한다.
2. 각 편수에 잣을 1알씩 넣어 만든다.
3. 편수피는 물을 조금씩 넣어가며 반죽하여야 한다.
4. 오징어는 살짝 익혀 질기지 않도록 유의한다.

20 해물리소토와 수정과
Seafood Risotto with Persimmon Punch

불린쌀을 버터에 볶다가 여러가지 해물과 색감있는 야채를 함께 넣고 만든 전통적인 서양의 쌀요리로, 담백하고 고소하며 영양도 풍부한 특징이 있어 한국인이 선호하는 음식이다. 계피와 생강의 독특한 향이 일품인 수정과는 리소토의 맛과 잘 조화되고 보완되어 궁합이 잘 맞는 어울림메뉴이다.

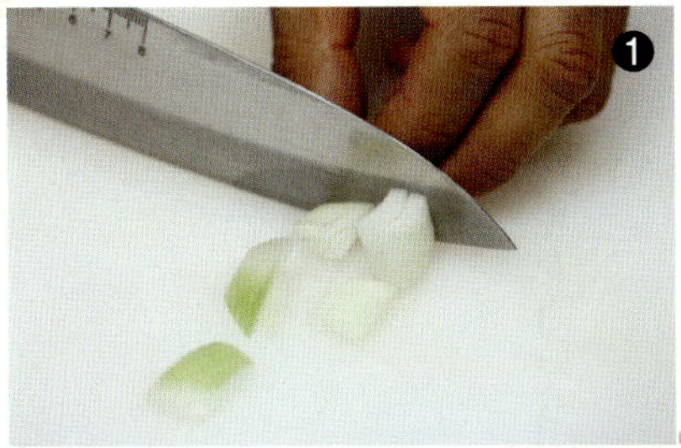

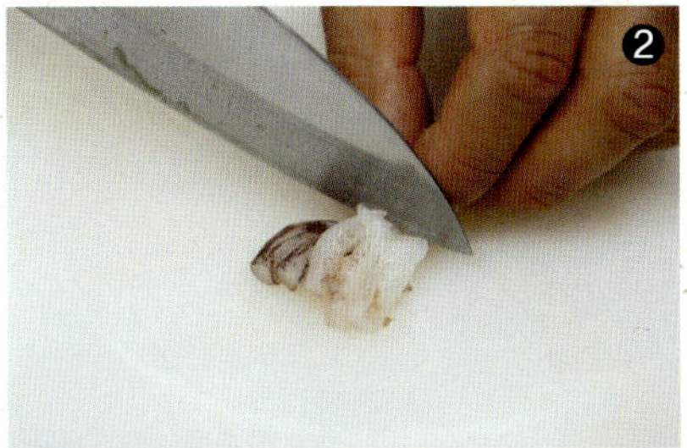

재료 및 분량

해물리소토
멥쌀 50g / 닭육수 100mL / 홍합 5개
중합 5개 / 중하 2마리 / 레몬 0.5개
로즈마리 0.5g / 생백리향(타임) 0.5g
버터 20g / 백포도주 10mL / 홍피망 10g
황피망 10g / 청피망 10g / 당근 10g
양파 10g / 소금, 후추 적당량

수정과
생강 10g / 통계피 5g / 황설탕 5g
설탕 5g / 곶감 0.5개 / 호두 5g / 잣 3알
소금 적당량

재료 준비

1. 멥쌀을 깨끗이 씻어 40분간 물에 불려 준비한다.
2. 양파, 홍피망 등은 각 변 0.5cm 크기로 사각썰기 한다.❶
3. 홍합, 중합 등은 손질하여 레몬주스 등으로 가미하여 준비하고 오징어는 3cm 길이로 썬다.❷
4. 생강은 손질하여 1mm 두께로 썰어 준비한다.
5. 통계피는 1cm 크기로 잘라 준비한다.

만드는 방법

1. 중불의 냄비에 버터를 녹이고 다진 양파를 볶다가 멥쌀과 해산물을 넣고 볶는다.❸
2. 1에 사각썰기한 야채를 넣고 볶는다.❹
3. 2에 닭육수를 붓고 저으며 15분간 볶아 리소토를 만든다.
4. 분량의 물에 생강편을 넣고 10분간 끓여 생강액을 만든다.
5. 분량의 물에 계피를 넣고 10분간 끓여 계피액을 만든다.
6. 5의 두 액을 섞고 설탕 등을 가미하여 10분간 끓인 후 식혀 수정과를 만든다.
7. 곶감의 꼭지와 씨앗을 제거하고 호두를 안에 넣어 만다.❺
8. 7을 단단히 말아 냉장고에서 10분간 휴지 후 1cm 두께로 썰어 준비한다.❻
9. 수정과에 곶감쌈을 넣고 고명하여 완성한다.

Point

1. 호두는 60℃의 물에 10분간 불려 속껍질을 제거한 후 사용한다.
2. 해물은 오래 익으면 질겨지므로 이를 감안하여 마무리 3분 전에 넣는다.
3. 수정과의 당도는 기호에 따라 조절할 수 있고 기능성 감미료를 넣을 수 있다.

21 갈비냉면과 데리야끼소스
Mixed Buckwheat Noodles with Rib in Teriyaki Sauce

냉면국수를 삶아 고추장 등의 양념을 하고 비벼 이용하는 면요리로 배와 양지편육 등 다양한 재료를 곁들여 만들 수 있다.
여기서는 갈비와 전복을 우리 입맛에 맞게 조리하여 함께하였으며, 간장과 파인애플 등을 섞어 충분히 끓여 만든 독특한 맛의 데리야끼 소스를 곁들임으로써 각 재료들이 서로 잘 조화되는 어울림메뉴이다.

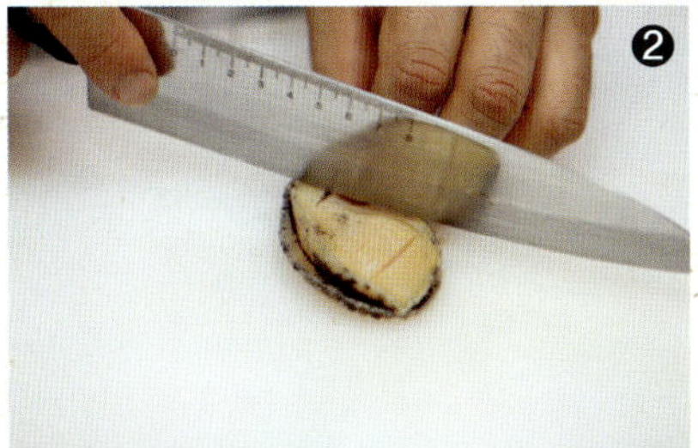

재료 및 분량

갈비와 전복

전복 80g / 우유 10mL / 우스타소스 3mL
밀가루 3g / 갈비 80g / 달걀 1개 / 면 70g
고추장 15g / 고춧가루 1g / 양파 20g
대파 10g / 통후추 5알 / 마늘 5g
간장 25mL / 참기름 5mL / 깨소금 1g
아스파라거스 1개 / 체리 1개 / 실고추 0.1g
소금, 후추 적당량

데리야끼소스

간장 20mL / 파인애플 10g / 마늘 5g
다시마 10g / 양파 20g / 생강 3g
실고추 0.1g / 흑설탕 5g / 청주 10mL
녹말가루 1g / 소금 후추 적당량

재료 준비

1. 전복살을 껍질로부터 분리하여 대파 등을 넣고 40분간 약불에서 끓여 준다. ❶
2. 분량의 물에 소갈비, 양파, 대파, 통후추, 간장 등을 넣고 중불에서 40분간 끓여 갈비를 무르게 익힌다.
3. 달걀은 11분간 삶아 완숙으로 익힌다.
4. 면은 끓는물에 2분30초간 삶아 얼음물에 넣어 식힌다.
5. 파, 마늘은 곱게 다져서 준비한다.
6. 파인애플은 껍질을 벗기고 잘게 썰어 준비한다.

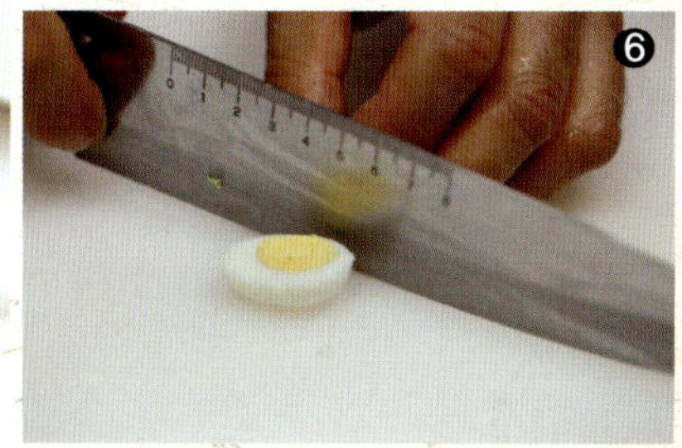

만드는 방법

1. 분량의 물에 간장, 파인애플 등을 넣고 중불에서 40분간 끓여 데리야끼소스를 만든다.
2. 위가 충분히 끓었으면 녹말가루를 물에 풀어 농도를 조절한 후 체에 걸러 마무리한다.
3. 갈비가 충분히 익었으면 참기름 등으로 가미하여 준비한다.
4. 삶은 전복의 양면에 칼집을 균일하게 넣어 준다. ❷
5. 4를 우유, 우스타소스로 가미한 후 밀가루를 입혀 팬후라이 한다.
6. 다진 파, 고추장 등을 고루 섞어 양념장을 만든다. ❸
7. 아스파라거스는 다듬어 10cm 길이로 썬다. ❹
8. 7을 끓는 물에 넣어 데친 후 버터물에 넣어 가미한다.
9. 삶은 면을 양념장에 넣고 버무린다. ❺
10. 삶은 달걀은 껍질을 벗기고 반분한다. ❻

Point

1. 데리야끼소스의 농도는 녹말을 넣지 않고 조절할 수도 있으며 사용시 최소한으로 넣는다.
2. 달걀은 삶은 후 얼음물에 식혀야 한다.
3. 냉면은 사용하기 직전에 삶는다.

22 삼계탕과 버섯샐러드

Chicken Stew with Ginseng and Mushroom Salad

영계의 뱃속에 찹쌀, 인삼 등의 보양재를 넣고 황기액에 1시간 정도 삶아 만든다. 기호에 따라 한 마리는 양이 많아 반마리를 이용하여 반계탕을 만들기도 한다.

여름철의 보양식으로 외국인들에게도 많이 선호되는 닭요리 중 하나이다. 토종닭을 이용하여 만들면 육질이 쫄깃하여 더욱 맛이 있다. 여기에 여러 버섯을 구워서 소금으로 가미한 버섯샐러드와 톡 쏘는 맛이 일품인 발사믹드레싱을 곁들여 서로 잘 조화되는 어울림메뉴이다.

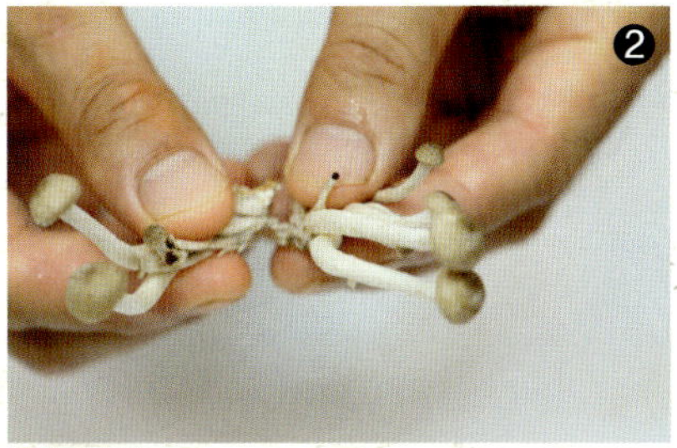
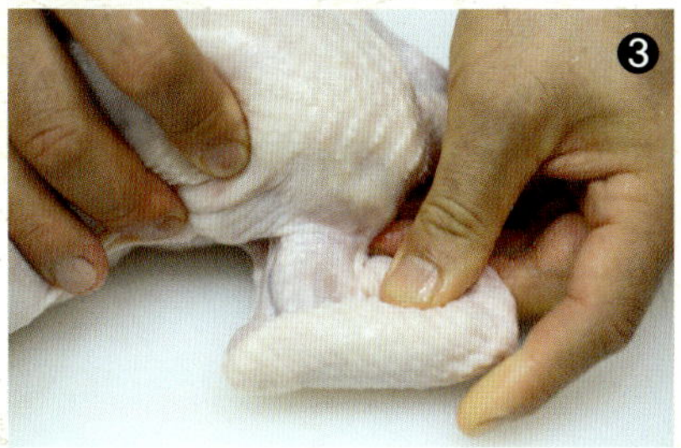

재료 및 분량

삼계탕

찹쌀 40g / 영계 1마리 / 황기 5g
홍삼 10g / 은행 5알 / 헛개나무 10g
영지버섯 5g / 마늘 5g / 대추 5g
대파 15g / 소금, 후추 적당량

버섯샐러드

새송이버섯 1개 / 양송이버섯 10g
느타리버섯 10g / 올리브유 10mL
버터 10g / 양파 10g / 발사믹식초 30mL
소금, 후추 적당량

재료 준비

1. 분량의 찹쌀은 깨끗이 씻어 물에 40분 불려 준비한다.
2. 새송이버섯과 양송이버섯은 깨끗이 손질하여 5mm 두께로 어슷하게 썬다. ❶
3. 느타리버섯은 깨끗이 손질하여 뜯어서 정리한다. ❷
4. 닭의 양쪽 날개부분을 말아서 안정성을 부여한다. ❸
5. 닭의 꼬리부분에 붙은 과도한 기름은 잘라낸다. ❹
6. 닭의 한쪽 다리 끝부분에 3cm 길이의 칼집을 넣는다. ❺
7. 불린쌀과 인삼 등의 약재를 닭의 배부분에 넣는다. ❻

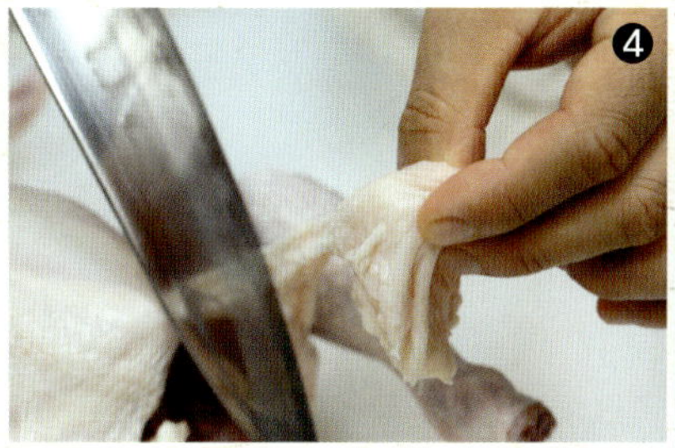
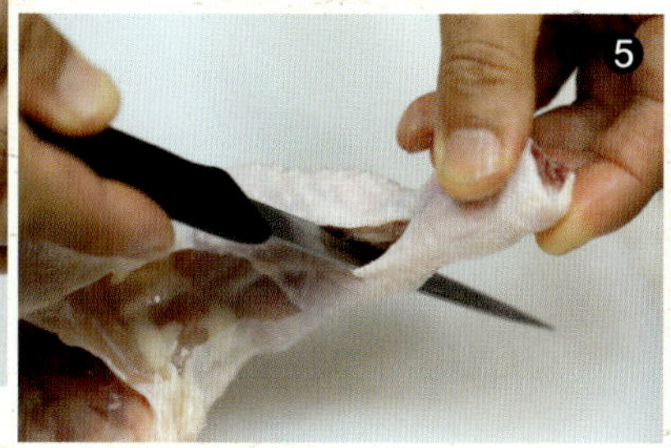
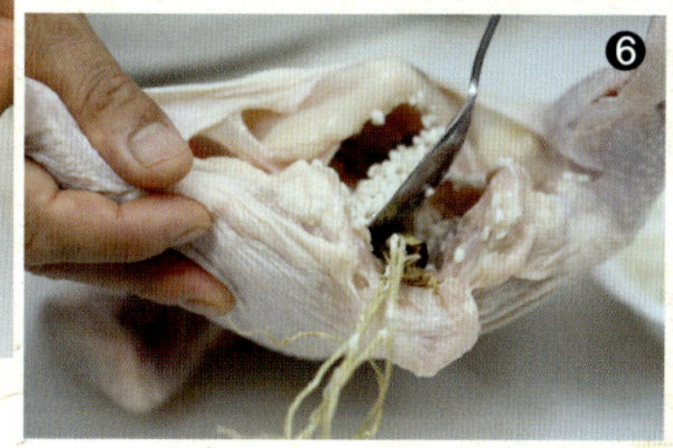

만드는 방법

1. 냄비에 분량의 물과 황기, 헛개나무편, 영지버섯을 넣고 40분간 끓여 걸러서 준비한다.
2. 냄비에 1과 준비한 닭을 넣고 1시간 정도 삶아 삼계탕을 만든다.
3. 버터에 다진 양파를 볶다가 발사믹식초를 넣고 조린 후 가미하여 드레싱을 만든다.
4. 중불의 팬에 새송이버섯 등을 넣고 팬후라이 한다.

Point

1. 인삼을 대체하여 홍삼을 넣을 수 있다.
2. 어울리는 다양한 적량의 한약재를 넣어 만들 수 있다.
3. 버섯은 센불에 살짝 볶아서 소금으로 가미한다.
4. 대추는 물에 불려 표면을 깨끗이 닦은 후 사용한다.

23 김밥과 미트볼
Dried Seaweed Rolls with Meatball

김 위에 참기름으로 비빈 밥과 여러 야채, 불고기 등을 얹어서 만든다. 간편식으로 많이 애용되고 있는 음식으로 여행이나 식사시간이 짧을 때 요긴한 음식이다. 초밥을 넣어 만들면 김초밥이라고 불린다.

여기에 새콤달콤한 토마토소스로 가미한 미트볼을 곁들이면 영양적으로도 균형이 맞고 서로 잘 조화되는 어울림메뉴가 된다.

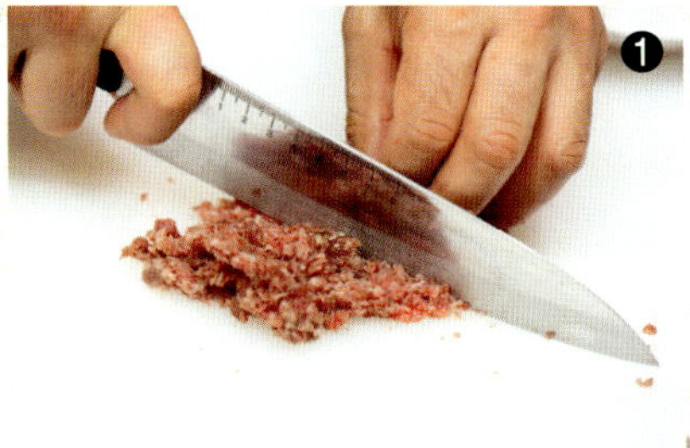

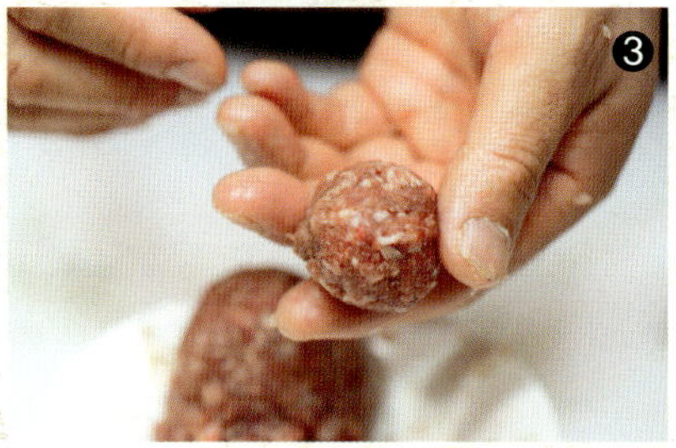

재료 및 분량

김밥

멥쌀 60g / 참기름 10mL / 깨소금 1g
당근 30g / 오이 30g / 단무지 30g
우엉 30g / 김 2장 / 식용유 10mL
소금, 후추 적당량

미트볼

다진쇠고기 60g / 양파 10g / 당근 10g
셀러리 10g / 마늘 5g / 빵가루 10g
올리브유 10mL / 버터 10g / 샬롯 10g
적포도주 10mL / 토마토케첩 40mL
소금, 후추 적당량

재료 준비

1. 멥쌀은 깨끗이 씻어 40분간 물에 불린다.
2. 당근, 오이 등은 0.7cm×0.7cm×길이의 크기로 잘라 소금에 버무려 준비한다.
3. 양파, 당근, 셀러리, 마늘은 곱게 다져 준비한다.
4. 다진 쇠고기를 추가로 곱게 다지며 과도한 기름부분은 제거한다.❶
5. 위에 다진 양파 등을 넣고 치대어 반죽한다.❷
6. 위에 빵가루 등을 넣고 가미하여 직경 2cm 크기의 구형으로 성형한다.❸
7. 위에 밀가루를 살짝 묻혀준다.❹

만드는 방법

1. 불린쌀에 적량의 물을 붓고 30분간 가열하여 밥을 짓는다.
2. 위에 참기름 등을 넣고 버무려 준비한다.
3. 버터에 다진 샬롯을 볶다가 적포도주를 넣고 조려준 후 토마토케첩을 넣고 가열하여 소스를 만든다.
4. 중불의 팬에 기름을 두르고 성형한 미트볼을 돌려가며 구워준다.❺
5. 위에 소스를 넣고 고루 섞으며 조려주어 미트볼을 완성한다.
6. 김밥을 말아 약불의 팬에 굴려서 살짝 굽고 1cm 간격으로 썰어준다.❻

Point

1. 김밥에 사용하는 밥은 고슬고슬하게 지어야 한다.
2. 김밥에는 다양한 재료를 응용하여 넣고 만들 수 있다.
3. 빵가루는 최소한으로 사용하고 미트볼의 구운 색상에 유의한다.
4. 양파 등의 야채는 약간 볶아서 사용할 수도 있다.

24 햄버거스테이크와 된장소스

Hamburger Steak with Soybean Paste Sauce

다진 쇠고기에 다진 야채와 향신료 등을 섞어 만든 햄버거스테이크는 맛도 좋으며 소화흡수에도 도움이 되는 요리이다.
패티를 원형으로 빚어 햄버거번 사이에 넣으면 다양한 햄버거를 만들 수 있다. 스테이크로 구워 야채를 곁들여 이용하여도 일품이다. 여기에 시원한 맛을 보완하기 위해 수박샐러드를 놓았으며, 한국의 맛을 더하기 위해 배추나물과 된장소스를 함께하여 독특하게 어울리는 어울림메뉴이다.

재료 및 분량

햄버거스테이크

다진쇠고기 120g / 양파 20g / 당근 20g
셀러리 20g / 마늘 5g / 빵가루 20g
로즈마리 0.5g / 올리브유 30mL / 식빵 2쪽
어린배추 50g / 대파 7g / 마늘 2g
고춧가루 1g / 간장 2mL / 참기름 3mL
깨소금 1g / 수박 80g
플레인요구르트 40mL / 올리고당 5mL
소금, 후추 적당량

된장소스

올리브유 5mL / 셜롯 5g / 대파 7g
백포도주 5mL / 된장 10g / 설탕 3g
소금, 후추 적당량

재료 준비

1. 양파, 당근, 셀러리, 마늘은 곱게 다져 준비한다.
2. 다진 쇠고기에 양파, 당근, 셀러리, 마늘 등을 넣고 치대어 반죽한다.❶
3. 2를 두께 1cm, 직경 12cm 크기의 타원형으로 성형한다.
4. 어린배추를 손질하여 씻은 후 소금에 절였다가 기름에 볶아준다.❷
5. 4에 고춧가루 등을 넣고 버무려 배추나물을 만든다.❸
6. 식빵을 0.7cm×0.7cm×8cm 크기로 자른다.❹

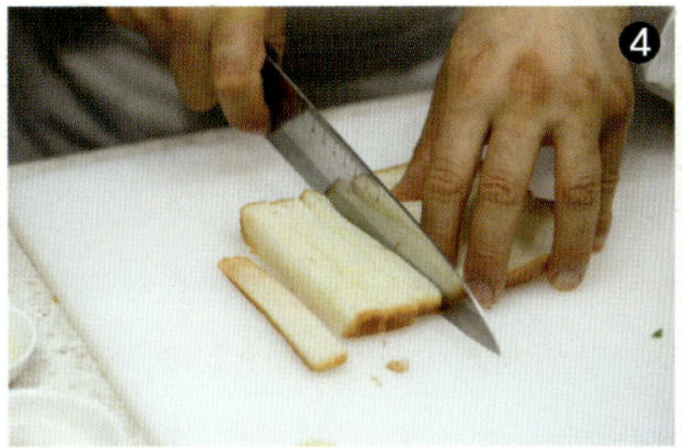

만드는 방법

1. 중불의 팬에 올리브유를 두르고 성형한 빵을 노릇노릇하게 구워준다.❺
2. 올리브유에 셜롯 등을 볶다가 백포도주를 넣고 조린다.
3. 2에 된장과 분량의 설탕을 넣고 가열한 후 체에 걸러 소스를 만든다.
4. 중불의 팬에 성형한 스테이크를 올리고 구워준다.
5. 플레인요구르트에 올리고당 등을 넣어 드레싱을 만든다.
6. 수박의 씨앗을 제거하고 2cm×2cm×2cm 크기로 잘라 준비한다.❻
7. 드레싱에 수박을 넣고 고루 버무려 수박샐러드를 만든다.

Point

1. 식빵은 약불에서 굽고 색상에 유의한다.
2. 다진 당근, 양파, 마늘은 볶아서 넣을 수도 있다.
3. 햄버거스테이크는 잘 타므로 중불에서 시작하여 약불에서 구워야 한다.

25 만둣국과 파프리카샐러드
Dumpling Soup with Paprika Salad

북방지역에서 발달한 음식으로 북한에서 더 많이 애용되고 있다. 만두는 원형의 얇은 밀반죽에 다진 쇠고기와 여러 야채를 양념에 버무려 만든 소를 넣고 원형으로 빚어 만든 것이다. 쪄서 초간장과 함께 이용하기도 하나 추운 지방에서는 주로 육수에 끓여 먹었다. 여기에 서양의 풍미를 함께할 수 있는 파프리카샐러드와 백포도주소스를 곁들여 냉온이 잘 조화된 어울림메뉴이다.

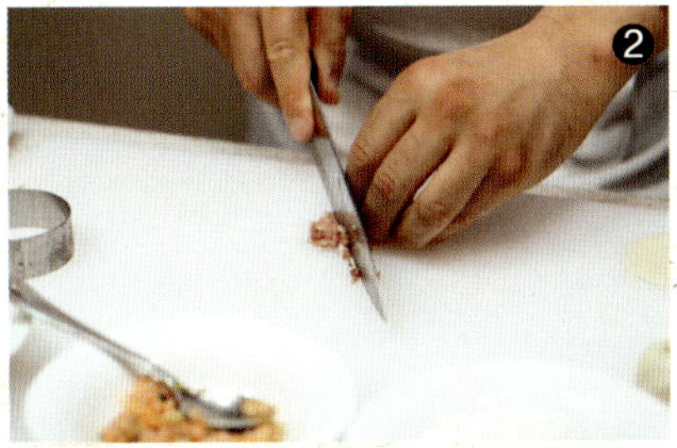

재료 및 분량

만둣국

쇠고기(양지) 30g / 대파 10g
다진쇠고기(우둔) 30g / 마늘 5g
간장 5mL / 숙주 30g / 애호박 30g
표고버섯 5g / 배추김치 30g / 두부 30g
실파 2g / 참기름 1mL / 깨소금 1g
밀가루 40g / 실고추 0.1g / 잣 2알
달걀 1개 / 식용유 5mL / 소금, 후추 적당량

파프리카샐러드

홍피망 20g / 황피망 20g / 청피망 20g
백포도주 5mL / 플레인요구르트 40mL
올리고당 5mL / 소금 적당량

재료 준비

1. 파, 마늘은 곱게 다져서 준비한다.
2. 쇠고기(양지)는 대파 등과 함께 분량의 물을 붓고 3시간 정도 끓여 육수를 만든다.
3. 삼색의 피망은 0.7cm×0.7cm×7cm크기로 자른다.❶
4. 배추김치는 잘게 다져 물기를 꼭 짜서 준비한다.
5. 두부는 곱게 으깨어 물기를 꼭 짜서 준비한다.
6. 숙주는 데쳐서 물기를 제거하고 애호박과 표고 등은 채썰어 가염 후 볶아 식힌다.
7. 다진 쇠고기를 추가로 다지고 으깬 두부, 데친 숙주 등과 양념을 고루 넣어 만두소를 만든다.❷
8. 달걀은 황백으로 나누어 적량의 소금을 각각 넣고 고루 섞어 체에 거른 후 지단을 부친다.
9. 지단은 마름모형으로 잘라 준비한다.

만드는 방법

1. 분량의 밀가루, 물, 소금을 섞어 밀반죽을 만든 후 두께 1mm로 얇게 민다.❸
2. 위를 직경 7cm의 원형틀로 성형한다.❹
3. 만두피에 준비한 소를 넣고 반원의 형태로 만든다.❺
4. 성형한 만두의 양끝을 서로 오무려 붙인다.❻
5. 풍미된 육수를 청장 등으로 가미하여 끓이다 만두를 넣고 7분간 삶아 익힌다.
6. 플레인요구르트에 백포도주, 올리고당 등을 넣고 섞어 드레싱을 만든다.
7. 6에 파프리카를 넣고 고루 버무려 샐러드를 만든다.

Point

1. 만두피의 서로 닿는 부분에는 물을 묻히고 접착면은 3mm 정도를 유지한다.
2. 백포도주소스는 만든 후 얼음물에 식혀서 사용하면 풍미를 증진한다.
3. 만두가 터지지 않도록 유의하여 삶아야 하며 국간장으로 가미한다.
4. 샐러드는 색상의 조화를 고려하여 담아야 한다.

26 신선로와 야채커틀렛

Royal Hot Pot with Vegetable Cutlet

한국요리 중 가장 아름답고 손이 많이 가는 요리로, 좋은 재료들이 많이 들어간 고급음식이다. 수랏상에 많이 올랐으며 경사스러운 날에 특별히 만들어 먹는 최고급 한식요리이다. 사용하는 재료는 지역과 계절에 따라 다소 차이가 있으나 육지와 바다에서 생산되는 귀중한 식재료들로 구성된다. 더하여 감자와 고구마를 삶아 으깬 후 색감있는 여러야채를 넣어 만든 야채커틀렛은 신선로와 영양과 맛의 조화를 이루는 어울림메뉴이다.

재료 및 분량

신선로

쇠고기(양지) 30g / 무 30g / 대파 10g
다진쇠고기(우둔) 40g / 두부 10g
당근 50g / 표고버섯 20g / 미나리 15g
달걀 3개 / 석이버섯 0.5g / 실파 2g
마늘 5g / 간장 5mL / 참기름 1mL
깨소금 1g / 은행 12알 / 잣 12알 / 호두 5g
식용유 10mL / 소금, 후추 적당량

야채커틀렛

감자 40g / 고구마 20g / 양파 10g
홍피망 10g / 황피망 10g / 청피망 10g
생백리향(타임) 0.5g / 밀가루 3g
올라브유 20mL / 소금, 후추 적당량

재료 준비

1. 쇠고기(양지)는 무, 대파 등과 함께 분량의 물을 붓고 3시간 정도 끓여 육수를 만든다.❶
2. 육수를 걸러 청장 등으로 가미하여 준비한다.
3. 파, 마늘은 곱게 다져서 준비한다.
4. 두부는 으깨어 물기를 제거한다.
5. 다진 파, 간장 등을 섞어 간장양념을 만든다.
6. 당근, 표고버섯 등 고명으로 사용할 재료는 0.2cm×1cm×7cm 크기로 일정하게 썬다.
7. 표고버섯은 간장양념으로 가미하여 휴지한다.
8. 당근은 소금물에 데쳐서 참기름으로 가미하여 준비한다.
9. 은행은 약불에 기름을 두르고 볶아 껍질을 제거한다.
10. 미나리도 0.2cm×1cm×7cm로 썰어 꼬치로 꽂아 고정하고 밀가루와 달걀물을 입힌다.
11. 석이버섯은 곱게 다져서 반분의 달걀흰자에 섞는다.
12. 달걀은 황백으로 나누어 적량의 소금을 각각 넣고 고루 섞어 체에 거른 후 지단을 부친다.
13. 감자와 고구마는 씻어 삶아 껍질을 제거한다.
14. 양파와 홍피망, 생백리향(타임) 등은 잘게 다져 소금으로 가미하여 준비한다.

만드는 방법

1. 무르게 삶은 양지를 0.3cm 두께로 균등하게 썬다.❷
2. 다진 쇠고기와 다진 파 등을 넣고 치대어 1cm 크기의 완자를 만든다.
3. 중불의 팬에 성형한 완자를 넣고 돌려가며 익혀준다.❸
4. 중불의 팬에 기름을 두르고 미나리초대를 부쳐준다.❹
5. 신선로용기의 바닥에 성형한 쇠고기, 무 등을 깔아 준다.
6. 5의 주위에 고명으로 준비한 여러 재료를 보색을 유지하며 돌려 담는다.
7. 6에 가미한 육수를 붓고 가열하여 완성한다.
8. 감자는 삶아 뜨거울 때 으깨어 준다.❺
9. 감자에 피망 등의 야채를 넣고 타원형으로 성형한다.❻
10. 위의 표면에 밀가루를 살짝 묻힌 후 중불의 팬에서 굽는다.

Point

1. 잣은 고깔을 제거하고 면보에 닦아 사용한다.
2. 호두는 70℃의 물에 10분간 불려 속껍질을 벗겨 사용한다.
3. 신선로의 고명재료는 다양하게 사용할 수 있다.
4. 감자와 고구마는 쪄서 사용하는 것이 풍미에 좋다.
5. 야채커틀렛의 겉은 크리스피(crispy)하고 속은 부드러운 질감을 가져야 한다.
6. 신선로의 육수는 제공하기 직전에 부어 사용한다.

27 쇠고기크로켓과 매실차

Beef Croquette with Apricot Tea

쇠고기등심을 향신료 등으로 가미하여 여러 야채와 어우르고 이를 성형하여 튀긴 요리로 쇠고기의 담백한 맛과 튀김요리의 고소함을 동시에 느낄 수 있어 청소년층이 선호하는 음식이다. 내용물에 들어가는 야채는 다양하게 응용할 수 있으며 빵가루는 신선한 빵을 갈아서 사용한다. 매실에는 비타민과 무기질이 풍부하며 항암기능이 있어 건강유지에 도움을 주는 음료로 크로켓요리와 잘 조화되는 어울림메뉴이다.

재료 및 분량

쇠고기크로켓

쇠고기(등심) 60g / 통후추 2알
생백리향(타임) 0.5g / 포트와인 10mL
양파 20g / 당근 20g / 애호박 20g
밀가루 5g / 달걀 1개 / 빵가루 20g
식용유 30mL / 버터 10g / 토마토 0.5개
적포도주 5mL / 생바질 0.5g
더블크림 10mL / 새싹채소 5g
올리브유 15mL / 레몬 0.25개
소금, 후추 적당량

매실차

매실 15g / 설탕 15g / 잣 3알

재료 준비

1. 분량의 쇠고기등심을 으깬 통후추 등으로 가미하여 휴지시킨다.
2. 구운 쇠고기등심을 1.5cm×1.5cm×1.5cm 크기의 정육면체로 썬다.❶
3. 양파, 당근 등은 1cm×1cm×1cm 정도 크기로 썬다.
4. 토마토는 껍질과 씨를 제거하고 다져 준비한다.
5. 매실은 꼭지를 제거하고 깨끗이 씻어 물기를 제거한다.
6. 새싹채소는 깨끗이 씻어 물기를 제거한다.
7. 잣은 고깔을 제거하고 면보에 깨끗이 닦아 사용한다.
8. 야채와 등심 썬 것을 혼합하고 향신료 등으로 가미한다.❷
9. 8에 적량의 달걀물을 넣고 혼합한다.❸

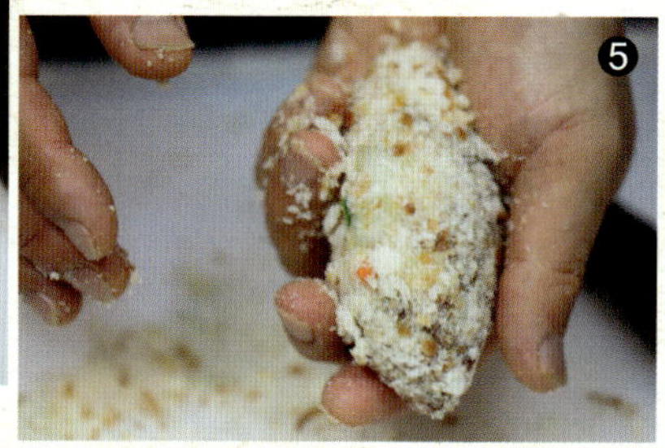

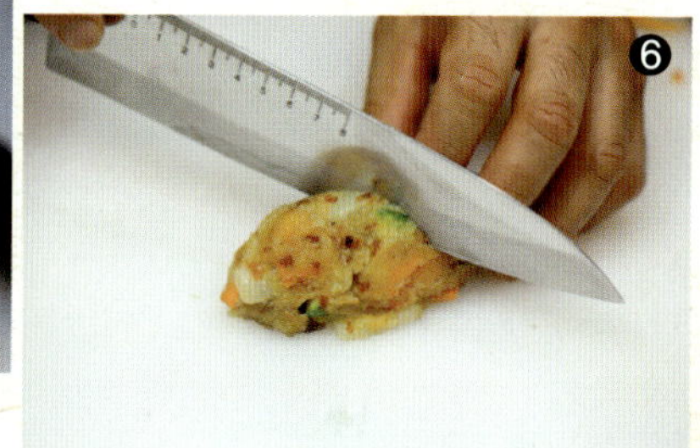

만드는 방법

1. 중불의 팬에 버터를 녹이고 다진토마토를 넣어 볶는다.
2. 1에 적포도주를 넣어 조리고 생바질, 더블크림 등을 넣고 가열하여 소스를 만든다.
3. 올리브유에 레몬주스 등을 넣고 가미하여 드레싱을 만든다.
4. 용기에 매실과 설탕을 1:1의 비율로 담고 설탕으로 표면을 덮어 서늘한 곳에서 60일 정도 숙성시킨다.
5. 기간경과 후에 매실액을 걸러 냉장 보관한다.
6. 기호에 따라 원액과 물의 비율을 조절하여 이용한다.
7. 크로켓의 내용물을 원형으로 성형하고 신선한 빵가루와 밀가루를 묻힌다.❹
8. 성형된 크로켓을 누르며 모양을 완성한다.❺
9. 중불의 팬에 기름을 두르고 크로켓을 노릇노릇하게 구워 적당히 자른다.❻

Point

1. 쇠고기크로켓의 고기는 중상(medium well-don)정도로 굽는다.
2. 달걀과 밀가루는 최소한으로 사용한다.
3. 팬에 기름을 넉넉히 넣고 팬후라이하여 튀기기도 한다.

28 어만두와 토마토수프
Fish Dumpling with Tomato Soup

도미나 민어 등의 흰살생선을 얇게 저며서 쇠고기와 여러 야채를 넣고 동그랗게 만 만두이다. 피가 밀가루인 만두에 비하여 한결 식감이 좋은 음식으로 귀한 손님에게만 대접하였다.
알칼리성 식품인 토마토에 생바질, 백포도주 등을 넣어 만든 토마토수프는 맛이 깔끔하여 생선요리와 잘 조화되는 어울림메뉴이다.

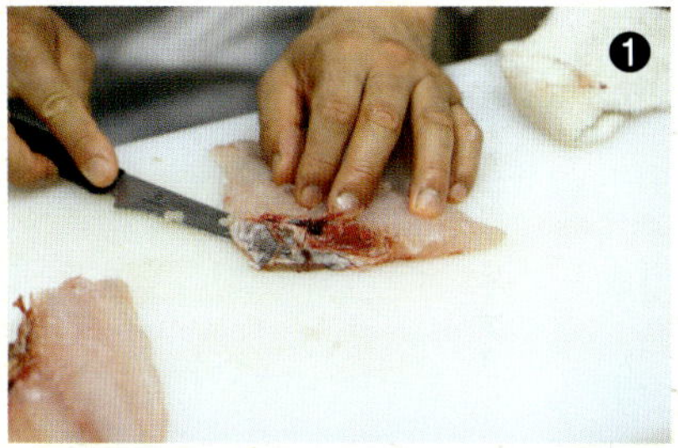

재료 및 분량

어만두

흰살생선 150g / 생강 3g / 녹말가루 10g
쇠고기(등심) 20g / 표고버섯 5g
목이버섯 2g / 오이 20g / 숙주 20g
식용유 10mL / 잣 12알 / 실파 7g / 마늘 5g
생강 3g / 간장 15mL / 식초 10mL
참기름 5mL / 깨소금 1g
소금, 후추 적당량

토마토수프

올리브오일 5mL / 양파 10g / 당근 10g
셀러리 10g / 마늘 2g / 토마토페이스트 10g
백포도주 5mL / 토마토 0.5개
토마토주스 40mL / 닭육수 50mL
생바질 0.5g / 오레가노분 0.1g / 식빵 0.1장
올리브유 25mL / 방울토마토 2개
소금, 후추 적당량

재료 준비

1. 흰살생선을 3장뜨기 하여 잔뼈를 제거하고 3mm 두께로 어슷하게 포를 뜨고 가미한다. ❶
2. 파, 마늘, 생강은 곱게 다져서 준비한다.
3. 양파, 당근, 셀러리, 마늘은 잘게 썰어 준비한다.
4. 토마토도 잘게 썰어 준비한다.
5. 방울토마토를 끓는 물에 넣어 껍질을 벗겨 준비한다.
6. 식빵은 1cm×1cm×1cm 크기로 썰어 준비한다.
7. 쇠고기는 결 반대방향으로 가늘게 채썰어 간장양념한다.
8. 오이는 채썰어 소금에 절인다.
9. 표고는 채썰어 간장양념으로 가미한다.
10. 목이버섯은 손질하여 채썰어 준비한다.
11. 숙주는 데쳐서 소금과 참기름으로 가미한다.
12. 잣은 고깔을 따고 면보에 닦아 준비한다.
13. 중불의 팬에 절인 오이를 넣고 5초간 볶아준다. ❷
14. 중불의 팬에 가미한 표고를 넣고 5초간 볶아준다. ❸

만드는 방법

1. 생선살을 펼쳐 녹말가루를 얇게 뿌려준 후 준비한 소를 올린다. ❹
2. 생선살의 중앙에 가미한 소를 모두 올리고 동그랗게 말아준다. ❺
3. 2에 녹말가루를 살짝 입혀준 후 5분간 쪄낸다.
4. 간장, 식초, 정제수 등을 혼합하여 초간장을 만든다.
5. 중불의 냄비에 올리브유를 두르고 썰어둔 양파, 당근 등을 넣고 볶아준다.
6. 5에 토마토페이스트를 넣고 볶아준다. ❻
7. 6에 준비한 토마토와 토마토주스 등을 넣고 약불에서 20분간 끓여준다.
8. 7을 체에 거른 후 가미하여 마무리한다.
9. 중불의 팬에 준비한 식빵을 올리고 구워준다.

Point

1. 토마토페이스트는 와인이나 스톡을 조금씩 넣으며 볶아야 한다.
2. 토마토수프는 잘 눌러붙으므로 나무주걱을 이용하여 자주 저어주어야 한다.
3. 생선살의 한쪽 면에 칼집을 넣으면 원형으로 잘 만들어진다.
4. 녹말가루는 체를 이용하여 뿌린다.
5. 쇠고기는 다져서 사용할 수 있다.

29 쇠갈비찜과 떡볶이그라탱

Short Rib Stew with Stir Fried Rice Cake Gratin

쇠갈비에 여러 야채와 양념을 넣고 무르게 익힌 찜요리로, 명절이나 소중히 기억해야 할 날에 차려 먹는 음식이다. 다양한 재료를 넣어 영양이 풍부하여 널리 애호되는 요리이다. 여기에 세계인이 좋아하는 떡볶이를 그라탱으로 만들어 곁들임으로써 좌우의 맛이 잘 조화되는 어울림메뉴이다.

재료 및 분량

쇠갈비찜

쇠갈비 120g / 실파 7g / 마늘 5g / 생강 3g
간장 5mL / 참기름 5mL / 깨소금 1g
설탕 5g / 배 0.1개 / 꿀 5g / 청주 2mL
표고버섯 5g / 무 20g / 당근 20g
달걀 1개 / 식용유 5mL / 깐밤 1개
대추 2개 / 은행 3개 / 잣 5알 / 실고추 0.1g
소금, 후추 적당량

떡볶이그라탱

떡볶이떡 70g / 버터 20g / 올리브유 5mL
밀가루 3g / 양파 20g / 홍피망 10g
황피망 10g / 청피망 10g / 마늘 5g
백포도주 20mL / 생백리향(타임) 0.5g
우유 50mL / 더블크림 60mL
모짜렐라치즈 40g / 소금, 후추 적당량

재료 준비

1. 파, 마늘, 생강은 곱게 다져서 준비한다.
2. 배는 즙을 만들고 표고, 무 등은 1.5cm×1.5cm×1.5cm 크기의 정육면체로 썬다.
3. 잣은 고깔을 따고 면보에 닦아 준비한다.
4. 달걀은 황백으로 나누어 적량의 소금을 각각 넣고 고루 섞어 체에 걸른 후 지단을 부친다.
5. 4에 참기름 등을 합하여 갈비양념을 만들고 분량의 정제수와 혼합하여 양념액을 만든다.
6. 쇠갈비는 손질하여 칼집을 넣어 준비한다.
7. 중불의 팬에 기름을 두르고 은행을 볶아 속껍질을 제거한다.❶
8. 양파, 홍피망, 황피망, 청피망은 각 변 1cm 크기로 사각썰기 한다.❷
9. 끓는 소금물에 떡볶이떡을 데친 후 올리브유에 버무려 준비한다.

만드는 방법

1. 갈비양념물에 쇠갈비를 넣고 50분간 끓여 무르게 익힌다.
2. 중불의 팬에 버터를 녹이고 분량의 밀가루를 넣고 볶는다.❸
3. 2에 우유, 크림 등을 넣고 고루 섞어준다.❹
4. 3에 준비한 떡볶이떡을 넣고 소스와 고루 섞어준다.❺
5. 4와 준비한 야채를 섞으며 용기에 담아준다.❻
6. 5에 준비한 치즈를 균일하게 올리고 직화로 구워준다.

Point

1. 그라탱 소스는 약간 묽은 것이 좋다.
2. 떡과 야채를 섞어 볶은 후 그라탱용기에 담을 수도 있다.
3. 쇠갈비에 들어가는 야채는 익는 시간을 감안하여 넣는다.

30 감자크로켓과 갈비탕

Potato Croquette with Beef Rib Soup

감자를 삶아 으깬 후 넛메그분과 다진 야채 등을 혼합하여 튀긴 것으로 청소년들이 선호하며, 넛메그의 독특한 향이 오래 기억된다.

간식이나 주식의 밥을 대체할 수 있는 감자요리이므로 쇠갈비에 무 등을 넣고 무르게 끓인 갈비탕을 곁들이면 정찬으로 손색이 없는 어울림메뉴가 된다.

재료 및 분량

감자크로켓

감자 60g / 넛메그분 0.1g / 양파 7g
홍피망 5g / 황피망 5g / 청피망 5g
버터 5g / 밀가루 10g / 파슬리 5g
달걀 1개 / 빵가루 20g / 식용유 30mL
소금, 후추 적당량

갈비탕

쇠갈비 180g / 무 40g / 대파 10g
마늘 10g / 홍고추 0.1개 / 간장 10mL
달걀 1개 / 은행 3알 / 식용유 5mL
소금, 후추 적당량

재료 준비

1. 감자는 깨끗이 씻어 삶아 껍질을 벗기고 으깨어 가미한다.
2. 양파, 홍피망, 황피망, 청피망은 다져서 준비한다.
3. 파슬리는 손질하여 물기를 제거하고 곱게 다져서 준비한다.
4. 달걀은 황백으로 나누어 적량의 소금을 각각 넣고 고루 섞어 체에 거른 후 지단을 부친다.
5. 황백의 지단을 마름모형으로 잘라 준비한다.
6. 달걀은 풀어서 체에 걸러 준비한다.
7. 무, 대파는 성글게 썰어 준비한다.
8. 중불의 팬에 기름을 두르고 은행을 볶아 속껍질을 제거한다.

만드는 방법

1. 분량의 물에 쇠갈비와 무, 대파 등을 넣고 50분 정도 끓인다. ❶
2. 얇게 썬 고구마에 밀가루를 살짝 뿌린다. ❷
3. 으깬 감자에 준비한 다진 양파 등을 넣고 반죽한다.
4. 준비한 감자를 성형하여 고구마편 위에 올리고 파슬리가루를 묻힌다. ❸
5. 4에 달걀물을 입히고 표면에 빵가루를 입힌다. ❹
6. 팬에 분량의 기름을 넣고 170℃로 가열한다. ❺
7. 6에 크로켓을 넣고 표면이 연갈색이 나도록 튀겨준다. ❻
8. 무른 쇠갈비를 건져 그릇에 담고 고명을 얹어낸다.

Point

1. 감자는 껍질째 삶아야 풍미에 도움이 된다.
2. 감자에 사용하는 피망 등은 면보를 이용하여 물기를 꼭 짠 후에 사용한다.
3. 감자크로켓은 연한 갈색으로 튀겨 낸다.

31 두부전골과 바스켓샐러드

Stuffed Tofu Hot Pot with Basket Salad

두 장의 두부 사이에 양념한 쇠고기를 넣고 붙여 전골틀의 중앙에 배열하고 여러 야채를 돌려담아 만든 것으로, 신선로와 함께 품격있는 요리로 많이 애용되고 있다. 여기에 스파게티면을 바구니형태로 튀겨서 가운데 신선한 야채를 올려 만든 샐러드와 발사믹드레싱을 곁들이면 잘 조화되는 어울림메뉴이다.

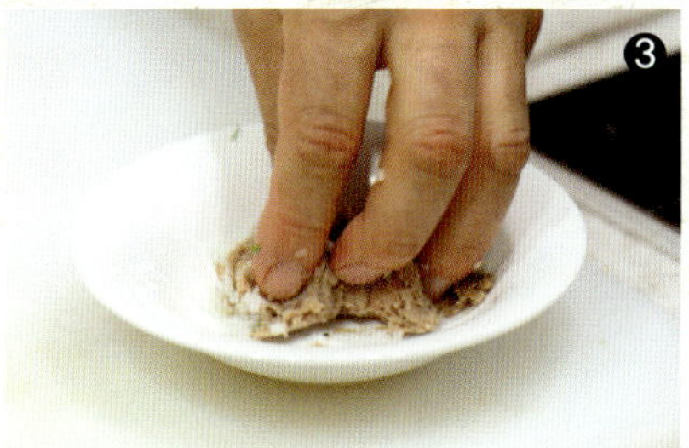

재료 및 분량

두부전골

쇠고기(양지) 30g / 두부 60g / 녹말 5g
식용유 30mL / 실파 20g / 마늘 5g
간장 5mL / 참기름 1mL / 깨소금 1g / 무 30g
대파 10g / 다진쇠고기(우둔) 20g
당근 30g / 표고버섯 10g / 미나리 30g
느타리버섯 30g / 숙주 20g / 죽순 20g
달걀 2개 / 은행 12알 / 잣 12알 / 호두 5g
식용유 15mL / 소금, 후추 적당량

바스켓샐러드

스파게티면 20g / 밀가루 5g / 식용유 30mL
양상추 20g / 양배추 20g / 적치커리 20g
그린비타민 10g / 새싹채소5g
방울토마토 1개 / 올리브유 10mL / 셜롯 10g
생백리향(타임) 0.5g / 통후추 1알
발사믹식초 30mL / 더블크림 20mL
소금, 후추 적당량

재료 준비

1. 쇠고기(양지)는 대파 등과 함께 분량의 물을 붓고 3시간 정도 끓여 육수를 만든다.
2. 파, 마늘은 곱게 다져서 준비한다.
3. 다진 파, 마늘, 깨소금, 설탕, 간장, 참기름을 섞어 간장양념장을 만든다.
4. 당근, 표고, 죽순은 2cm×0.3cm×5cm 크기로 썰어 준비한다.
5. 당근, 느타리버섯, 숙주는 데쳐서 소금과 참기름으로 가미한다.
6. 표고는 데쳐서 물기를 제거하고 간장양념장으로 가미한다.
7. 두부를 2cm×0.5cm×5cm로 썰어 소금으로 가미하여 10분간 휴지한다.
8. 실파는 데쳐서 준비한다.
9. 미나리는 다듬어 꼬치에 꽂아 준비한다.
10. 달걀은 황백으로 나누어 적량의 소금을 넣고 섞어 체에 거른 후 지단을 부친다.
11. 황백의 지단을 2cm×0.3cm×5cm 크기로 썰어 준비한다.
12. 중불의 팬에 기름을 두르고 은행을 볶아 속껍질을 제거한다.
13. 잣은 고깔을 제거하고 면보로 표면을 깨끗이 닦아 준비한다.
14. 호두는 70℃의 물에 10분간 불린 후 속껍질을 제거하여 준비한다.
15. 가미한 두부에 발생하는 수분을 면보를 이용하여 제거한다. ❶
16. 15의 표면에 녹말가루를 얇게 뿌려 준비한다.
17. 스타게티면은 11분간 삶아 찬물에 헹구어 준비한다.
18. 17에 밀가루를 살짝 뿌리고 바스켓으로 성형하여 튀긴다.
19. 양상추 등의 야채는 등분하여 물에 담근 후 씻어 물기를 제거한다.
20. 방울토마토는 끓는 물에 1초간 데쳐 얼음물에 식힌 후 껍질을 벗긴다.

만드는 방법

1. 중불의 팬에 기름을 두르고 준비한 두부의 양면을 노릇노릇하게 구워준다. ❷
2. 다진 쇠고기와 다진 파, 마늘 등의 양념을 넣고 고루 치대어 섞어 준다. ❸
3. 쇠고기반죽의 일부는 직경 1cm의 완자를 빚어 중불의 팬에서 굽는다.
4. 쇠고기반죽을 0.3cm 두께로 성형하고 두부 크기로 자른다. ❹
5. 두 장의 두부 사이에 성형한 쇠고기반죽을 넣고 실파로 묶는다. ❺
6. 쇠고기(양지)를 0.3cm 두께로 썰어 무와 함께 전골냄비의 바닥에 깔고 고명재료를 색의 조화를 고려하여 돌려담는다.
7. 5의 중앙에 달걀노른자를 올리고 육수를 부어 완성한다.
8. 튀긴바스켓을 깔고 양상추 등의 야채를 색스럽게 담는다. ❻
9. 중불의 팬에 올리브유를 두르고 다진 셜롯을 볶다가 발사믹식초 등을 넣고 조려 드레싱을 만든다.

Point

1. 샐러드 드레싱을 별도로 제공하기도 한다.
2. 두부는 부치기 직전에 녹말가루를 입힌다.
3. 육수는 청장 등으로 가미하고 제공하기 직전에 붓는다.

32 마늘스파게티와 제육볶음

Garlic Spaghetti with Stir Fried Spicy Pork

올리브유에 마늘편을 볶다가 향이 충분히 생기면 스파게티면을 넣어 볶은 요리로 마늘의 독특한 향이 간결하게 느껴진다.
정장작용에 도움을 주는 마늘을 넣어 더욱 담백한 맛의 면요리이다.
알리오스파게티와 유사하여 돼지고기의 등심부위에 고추장양념하여 구운 제육볶음과 잘 조화되는 어울림메뉴이다.

재료 및 분량

마늘스파게티

스파게티면 80g / 올리브유 30mL
마늘 25g / 생백리향(타임) 0.5g
파마산치즈 10g / 소금, 후추 적당량

제육볶음

돈육 60g / 대파 30g / 실파 7g / 마늘 5g
생강 2g / 고추장 30g / 간장 5mL
참기름 5mL / 깨소금 1g / 당근 20g
양파 20g / 식용유 25mL
소금, 후추 적당량

재료 준비

1. 스파게티면은 11분간 삶아 올리브유에 버무려 바람에 건조시킨다. ❶
2. 마늘은 0.2cm 두께의 편으로 썰어 준비한다. ❷
3. 생강은 강판에 갈아 즙을 만들어 면보에 넣고 짜서 생강액을 만들어 다진 파 등과 섞는다. ❸
4. 돼지고기는 결 반대방향으로 칼집을 넣고 생강액, 소금, 후추로 가미하여 휴지한다.
5. 파, 마늘은 곱게 다져서 준비한다.
6. 분량의 다진 파, 마늘, 생강액, 깨소금, 고추장, 간장, 참기름을 넣고 혼합하여 고추장 양념장을 만든다.
7. 실파는 3cm 길이로 썰어 준비한다.
8. 대파, 당근, 양파는 0.5cm×7cm 크기로 채썰어 준비한다.

만드는 방법

1. 가미한 돼지고기를 고추장 양념장에 넣고 버무려 준다. ❹
2. 중불의 팬에 식용유를 두르고 준비한 야채를 볶다가 양념한 돼지고기를 넣고 볶아준다.
3. 중불의 팬에 올리브유를 두르고 준비한 마늘을 넣어 볶아 준다. ❺
4. 위에 준비한 스파게티면을 넣고 2분간 고루 볶아주며 가미한다. ❻

Point

1. 파마산치즈는 면에 뿌리거나 별도로 제공한다.
2. 스파게티면에서 마늘향이 충분히 나도록 마늘오일을 만들어 사용할 수 있다.
3. 제육은 쉽게 타므로 중불에서 약불로 낮추어 볶아 준다.

33 고추장볶음밥과 모듬치즈

Fried Rice in Korean Red Pepper Paste with Made Cheeses

쇠고기등심을 채썰어 볶다가 밥과 고추장 양념장을 넣어 볶은 한국식 볶음밥, 서양의 빠일라요리와 유사한 맛을 내어 외국인에게 별식으로 선호되는 밥요리이다. 여기에 다양한 치즈를 곁들여 제공함으로써 맛과 영양에 균형을 준 어울림메뉴이다.

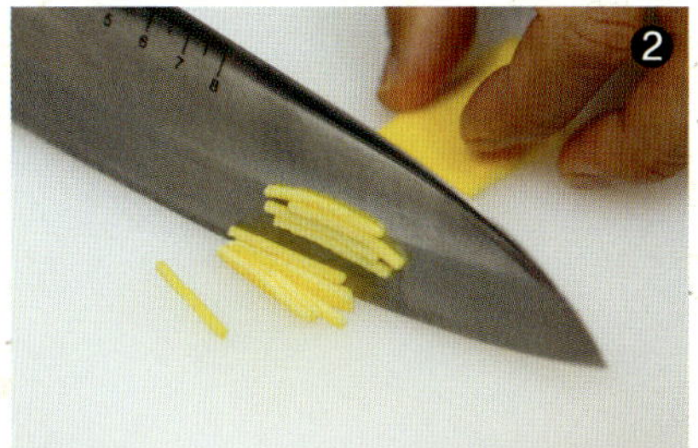

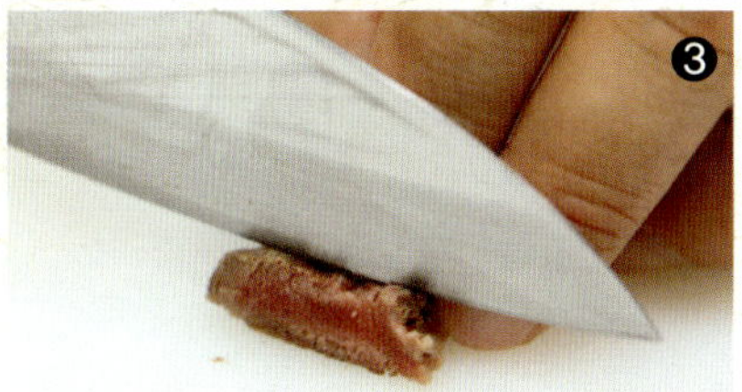

재료 및 분량

고추장볶음밥

멥쌀 60g / 애호박 20g / 달걀 1개
양파 10g / 쇠고기(등심) 20g / 식용유 30mL
고추장 30g / 간장 5mL / 참기름 5mL
깨소금1g / 실고추 0.1g / 소금, 후추 적당량

모듬치즈

체다치즈 30g / 브리치즈 30g
크림치즈 20g / 통후추 3알 / 사과 0.25개
체리 1개 / 소금, 후추 적당량

재료 준비

1. 쌀은 깨끗이 씻어 40분간 물에 불린다.
2. 애호박은 돌려깎기 하여 5cm 길이로 채썬다.❶
3. 양파는 5cm 길이로 채썬다.
4. 양파와 애호박은 중불의 팬에서 볶아준다.
5. 달걀은 황백으로 나누어 적량의 소금을 각각 넣고 고루 섞어 체에 거른 후 지단을 부친다.
6. 황백의 지단을 각각 곱게 채썰어 준비한다.❷
7. 6을 적량의 소금에 버무려 준비한다.
8. 준비한 애호박, 양파, 깨소금, 고추장, 간장, 참기름을 넣고 혼합하여 고추장 양념장을 만든다.
9. 쇠고기등심은 0.3cm×0.3cm×6cm 크기로 채썰어 가미한다.❸
10. 체다치즈는 0.5cm×0.5cm×0.5cm 크기의 정육면체로 썰어 준비한다.
11. 사과는 1mm 두께로 채썰어 준비한다.

만드는 방법

1. 불린 쌀을 30분간 가열하여 밥을 짓는다.
2. 브리치즈와 크림치즈를 으깨어 섞는다.
3. 크림치즈에 준비한 체다치즈를 넣고 섞는다.❹
4. 숟가락을 이용하여 치즈를 성형한다.❺
5. 성형한 치즈에 파슬리가루 등을 묻혀준다.❻
6. 중불의 팬에 식용유를 두르고 쇠고기를 볶아준다.
7. 6에 밥을 넣고 볶다가 고추장양념을 넣고 잘 섞으며 볶아 볶음밥을 만든다.

Point

1. 치즈는 다양한 종류를 활용할 수 있다.
2. 고추장은 순한맛을 사용한다.
3. 볶음밥에 들어가는 재료는 다양하게 사용할 수 있다.

34 김치적과 생바질스파게티

Skewer Kimchi with Basil Spaghetti

배추김치에 돼지고기등심을 꽂아 구운 요리이다. 김치의 맛과 어우러진 고기의 맛이 한결 맛있게 느껴지는 음식이므로 간식이나 주안상의 메뉴로 알맞다. 여기에 생바질을 그득하게 넣어 버무린 생바질스파게티는 고소하면서 독특한 맛을 자랑하여 서로 잘 조화되는 어울림메뉴이다.

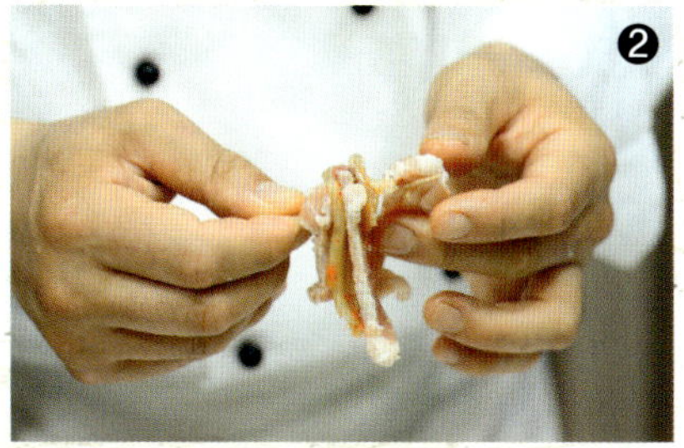

재료 및 분량

김치적

쇠고기(등심) 40g / 생강 2g / 김치 50g
밀가루 20g / 달걀 1개 / 식용유 20mL
소금, 후추 적당량

생바질스파게티

스파게티면 80g / 생바질 3g
올리브유 30mL / 마늘 3g / 파마산치즈 10g
소금, 후추 적당량

재료 준비

1. 스파게티면은 11분간 삶아 올리브유에 버무려 바람에 건조시킨다.❶
2. 생강은 강판에 갈아 즙을 만들어 면보에 넣고 짜서 생강액을 만든다.
3. 쇠고기는 1.3cm×8cm 크기로 잘라 생강액 등으로 가미하여 준비한다.
4. 김치는 국물을 짜서 1cm×7cm 크기로 잘라 준비한다.
5. 생바질, 마늘, 올리브유를 혼합하여 믹서에 곱게 갈아 준비한다.

만드는 방법

1. 준비한 쇠고기와 김치를 꼬치에 교대로 꽂아 준다.❷
2. 1을 정렬하고 밀가루를 뿌려준다.❸
3. 2에 달걀물을 골고루 묻히고 여분은 제거한다.❹
4. 중불의 팬에 올리브유를 두르고 준비한 김치적을 부쳐준다.❺
5. 구운 김치적의 꼬치는 1cm씩 남기고 잘라준다.❻
6. 중불의 팬에 올리브유를 두르고 준비한 면을 1분간 볶아준다.
7. 6에 생바질즙을 넣고 10초간 버무준 후 가미하여 마무리한다.

Point

1. 쇠고기는 결 반대방향으로 칼집을 넣어 준비한다.
2. 파마산치즈는 면에 뿌리거나 기호에 따라 별도로 제공한다.
3. 밀가루는 체를 이용하여 뿌려 준다.

35 떡갈비와 당근수프
Tteok-Galbi with Carrot Soup

갈비에 붙은 갈빗살을 분리하여 잘게 다진 후 여러 야채를 섞고 양념하여 갈비뼈에 성형한 형태로, 뼈에서 뜯어 먹는 맛이 일품이다. 육질이 부드러워 소화흡수에도 도움이 되며 어린이나 노인에게 적합한 요리이다.
더불어 담백하며 부드러운 당근수프는 색상과 향이 부드러워 떡갈비와 보기에도 잘 어울리며 맛도 자연스럽게 조화되는 어울림메뉴이다.

재료 및 분량

떡갈비(1인분)

갈비 170g / 대파 10g / 양파 15g / 마늘 5g
간장 2mL / 깨소금 1g / 참기름 3mL
밀가루 3g / 아스파라거스 1개새싹채소 5g
올리브유 5mL / 레몬 0.25개 / 설탕 3g
버터 10g / 셜롯 5g / 포트와인 40mL
통후추 2알

당근수프

버터 15g / 양파 10g / 당근 50g
백포도주 10mL / 밀가루 3g / 닭육수 80mL
더블크림 15mL / 파슬리 5g / 식빵 0.25쪽
올리브유 10mL / 소금, 후추 적당량

재료 준비

1. 파, 양파와 마늘은 곱게 다져서 준비한다.
2. 갈비를 살과 뼈로 분리한다.
3. 아스파라거스는 다듬어 10cm 길이로 자른다. ❶
4. 갈비살은 곱게 다지며 가미한다. ❷
5. 다진 갈비살에 다진 파, 마늘 등을 넣고 골고루 치대어 반죽한다. ❸
6. 새싹채소는 깨끗이 씻어 물기를 제거한다.
7. 양파, 당근은 성글게 썰어 준비한다.
8. 파슬리는 손질하여 물기를 제거하고 곱게 다져서 준비한다.
9. 식빵은 1cm×1cm×1cm 크기의 정육면체로 썰어 준비한다.

만드는 방법

1. 갈비뼈의 주위에 다진 갈비살반죽을 원형으로 돌려가며 붙여 성형한다. ❹
2. 중불의 팬에 식용유를 두르고 성형한 떡갈비를 넣고 구워 준다. ❺
3. 중불의 팬에 버터를 녹이고 밀가루를 볶아 준다. ❻
4. 중불의 팬에 버터를 녹이고 양파와 당근을 3분간 볶아준 후 백포도주를 넣고 조린다.
5. 4에 닭육수를 넣고 5분간 끓인 후 믹서에 곱게 갈아준다.
6. 5에 볶은 밀가루(roux)를 넣고 고루 섞으며 끓여준다.
7. 중불의 팬에 다진 셜롯을 볶다가 포트와인을 넣고 조린 후 가미하여 소스를 만든다.
8. 올리브유, 레몬주스, 설탕을 혼합하여 드레싱을 만든다.
9. 중불의 팬에 올리브유를 두르고 준비한 식빵을 넣고 볶아 준다.
10. 5분간 끓은 당근수프를 가미하고 체에 걸러 완성한다.

Point

1. 떡갈비는 구울 때 타지 않도록 유의한다.
2. 갈비뼈에 밀가루를 묻히고 양념한 살을 붙인다.
3. 당근을 믹서에 충분히 갈아주어야 윤기 있는 수프를 얻을 수 있다.
4. 아스파라거스는 소금물에 데친 후 버터물에 넣고 가미하여 제공한다.

36 규아상과 연어샐러드

Turtle Dumplings with Salmon Salad

다진 쇠고기와 표고, 오이에 양념을 하여 만두소를 만들고 만두피에 싸서 만든 찐만두이다. 만두마다 들어간 잣으로 인해 독특한 맛을 자아낸다. 여름철 초간장에 곁들여 먹으면 훌륭한 별미가 된다. 핵산이 풍부하여 피부건강에 도움을 주는 신선한 연어와 야채를 조합하여 만든 연어샐러드는 규아상과 함께 무더운 여름철을 이기는 잘 조화된 어울림메뉴이다.

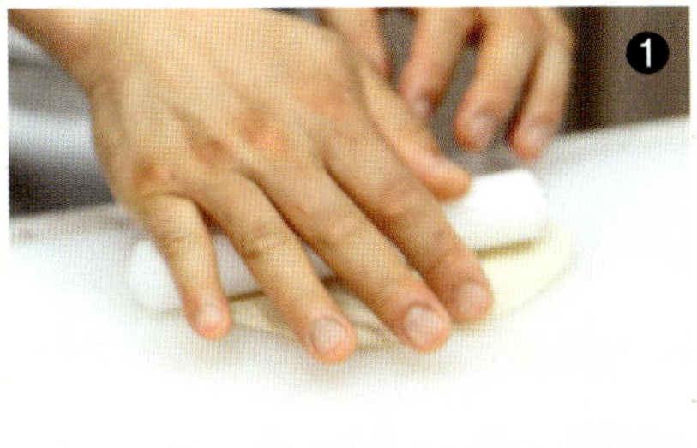

재료 및 분량

규아상

밀가루 40g / 오이 40g
다진쇠고기(우둔) 30g / 표고버섯 5g
실파 7g / 마늘 5g / 간장 35mL / 설탕 2g
참기름 5mL / 깨소금 1g / 식초 5mL
식용유 10mL / 잣 12알 / 소금, 후추 적당량

연어샐러드

스파게티면 10g / 밀가루 5g / 식용유 30mL
적상추 20g / 셀러리 20g / 적치커리 20g
황피망 10g / 올리브유 10mL / 셜롯 5g
레몬 0.25개 / 케이퍼 1g / 딜 0.5g
통후추 1알 / 소금, 후추 적당량

재료 준비

1. 밀가루에 적량의 물과 소금을 넣어 반죽을 하여 20분간 휴지시킨다.
2. 파, 마늘은 곱게 다져서 준비한다.
3. 분량의 다진 파, 마늘, 깨소금, 설탕, 간장, 참기름을 섞어 간장양념장을 만든다.
4. 오이와 표고는 가늘게 채썰어 준비한다.
5. 간장양념장에 표고를 넣고 무친다.
6. 오이는 소금으로 가미한다.
7. 스파게티면은 11분간 삶아 올리브유에 버무려 바람에 건조시킨다.
8. 잣은 고깔을 제거하고 면보로 표면을 깨끗이 닦아 준비한다.
9. 분량의 간장, 식초, 정제수 등을 섞어 초간장을 만든다.
10. 적상추 등은 등분하여 냉수에 넣고 깨끗이 씻어 물기를 제거한다.
11. 황피망은 각 변 0.7cm의 정육면체로 썬다.

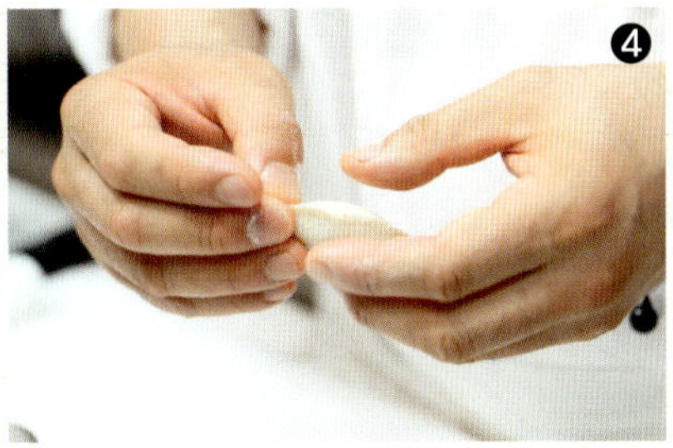

만드는 방법

1. 준비한 오이와 표고는 볶아서 식힌다.
2. 다진 쇠고기, 오이, 표고, 간장양념장을 혼합하여 만두소를 만든다.
3. 밀반죽을 밀대로 밀어 두께 1mm로 성형한다. ❶
4. 3을 직경 7cm의 원형틀로 찍어 모양을 떼어낸다. ❷
5. 4에 준비한 분량의 만두소를 놓는다. ❸
6. 5를 반으로 접어 끝선을 돌려가며 눌러 준다. ❹
7. 6을 바로 세우고 표면을 찝어주며 모양을 만든다. ❺
8. 7을 찜통에 넣고 5분간 쪄서 익힌다.
9. 올리브유, 레몬주스, 케이퍼 등을 혼합하여 드레싱을 만든다.
10. 스파게티면에 밀가루를 뿌려 성형한 후 기름에 튀겨 준비한다.
11. 튀긴 스파게티 위에 여러 야채를 놓고 가미한 연어를 올려 샐러드를 만든다. ❻

Point

1. 밀가루에 물을 조금씩 증가시키며 넣어 질지 않도록 유의한다.
2. 밀반죽은 젖은 면보나 비닐봉지에 담아 휴지시킨다.
3. 규아상에는 잣을 1알씩 넣어 만든다.

37 크림스파게티와 육개장

Cream Spaghetti with Hot Spicy Meat Stew

쇠고기의 양지나 등심부위를 이용하며 고사리, 숙주와 고춧가루, 고추장 등을 넣어 얼큰한 맛이 일품이나 외국인들에게는 다소 부담스러운 요리가 될 수 있다.
여기에 세계인이 선호하는 고소하고 담백한 맛의 크림스파게티를 곁들임으로 육개장의 맛을 다소 중화시킬 수 있고 세계인에게 쉽게 다가갈 수 있는 어울림메뉴이다.

재료 및 분량

크림스파게티

스파게티면 80g / 올리브유 30mL
양파 10g / 마늘 2g / 백포도주 20mL
더블크림 60mL / 생백리향(타임) 0.5g
파마산치즈 10g / 파프리카분 0.5g
소금, 후추 적당량

육개장

쇠고기등심 50g / 숙주 40g / 고사리 20g
토란대 30g / 표고버섯 20g / 식용유 10mL
대파 10g / 양파 30g / 마늘 5g / 홍고추 5g
청고추 5g / 생강 2g / 고춧가루 2g
고추장 10g / 간장 5mL / 소금, 후추 적당량

재료 준비

1. 스파게티면은 11분간 삶아 올리브유에 버무려 바람에 건조시킨다.
2. 양파, 마늘은 곱게 다져서 준비한다.❶
3. 양파, 대파는 어슷하게 채썰어 준비한다.
4. 홍고추, 청고추는 반분하여 씨를 제거하고 1cm 간격으로 어슷하게 썬다.❷
5. 쇠고기등심은 0.5cm×1cm×5cm 크기로 썰어 가미한다.❸
6. 분량의 다진 파, 마늘, 생강, 고추가루, 간장, 고추장을 섞어 양념장을 만든다.
7. 숙주와 고사리, 토란대는 데쳐서 5cm 간격으로 썰어 가미한다.
8. 표고는 데쳐서 물기를 제거하고 1cm 폭으로 썰어 간장양념으로 가미한다.

만드는 방법

1. 냄비에 적량의 물을 붓고 숙주, 쇠고기 등심, 준비한 양념장 등을 넣고 30분 정도 끓이며 가미하여 육개장을 만든다.❹
2. 중불의 팬에 올리브유를 두르고 다진 양파와 마늘을 볶아 준다.
3. 2에 준비한 스파게티면을 넣고 볶아 준다.❺
4. 3에 백포도주를 넣고 조리다 더블크림과 생백리향(타임) 등을 넣고 조리며 가미한다.❻

Point

1. 쇠고기양지를 3시간 정도 중불에서 끓여 만들기도 한다.
2. 육개장은 기호에 따라 매운맛을 조절한다.
3. 파마산치즈는 면에 뿌리거나 기호에 따라 별도로 제공한다.

38 오징어순대와 야채수프
Stuffed Cuttlefish with Vegetable Soup

오징어다리, 찹쌀밥, 두부 등과 양념을 어울러 소를 만들고 이를 오징어 가운데 넣어 쪄낸 찜요리이다. 오징어의 타우린성분에 의해 피로회복에 도움을 주며 먹기에 간편하여 널리 선호되고 있다.
세계인의 기호에도 적절히 융합되는 요리이다. 여기에 서양인이 즐겨 먹는 야채수프를 곁들임으로써 좌우의 식감을 향상시키고 조화를 돕는 어울림메뉴이다.

재료 및 분량

오징어순대

찹쌀 40g / 오징어 1마리 / 숙주 10g
두부 10g / 양파 7g / 홍고추 5g
청고추 5g / 실파 7g / 마늘 3g / 생강 2g
간장 5mL / 설탕 2g / 참기름 2mL
깨소금 1g / 달걀 1개 / 녹말가루 5g
소금, 후추 적당량

야채수프

올리브오일 10mL / 양파 20g / 당근 20g
셀러리 20g / 마늘 5g / 애호박 30g
토마토페이스트 15g / 백포도주 10mL
토마토주스 50mL / 방울토마토 3개
생백리향(타임) 0.5g / 생바질 0.5g
처빌 0.5g / 닭육수 100mL / 월계수잎 1장
소금, 후추 적당량

재료 준비

1. 찹쌀은 깨끗이 씻어 물에 40분간 불려 준비한다.
2. 오징어는 손질하여 물기를 제거하고 다리는 데쳐서 잘게 썰어 준비한다.
3. 양파, 당근, 셀러리, 황피망, 청피망 등은 각 변 1cm 크기로 사각썰기 한다.❶
4. 방울토마토는 끓는물에 1초간 데쳐 얼음물에 식힌 후 껍질을 벗긴다.
5. 숙주는 데쳐서 0.5cm 폭으로 썬 후 소금과 참기름으로 가미한다.
6. 두부는 으깨어 물기를 꼭 짜서 준비한다.
7. 양파, 파, 마늘은 곱게 다져서 준비한다.
8. 생강은 강판에 갈아 즙을 만들어 면보에 넣고 짜서 생강액을 만든다.
9. 홍고추, 청고추는 반분하여 씨를 제거하고 다져서 준비한다.

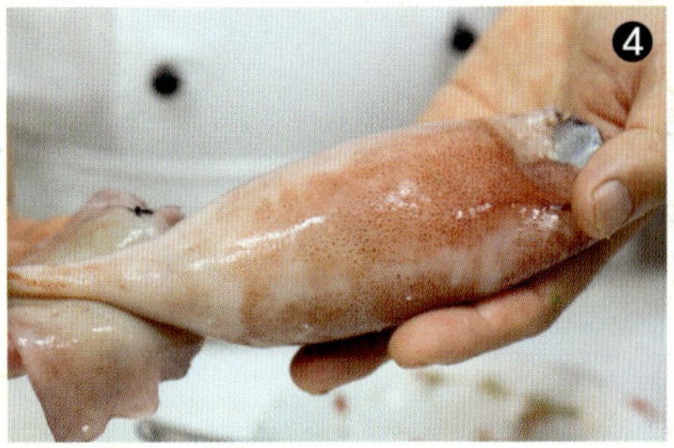

만드는 방법

1. 불린 찹쌀을 20분 정도 쪄서 식힌다.
2. 으깬 두부 숙주, 찐찰밥, 준비한 오징어다리 등과 여러 양념을 혼합하여 소를 만든다.❷
3. 오징어 속에 소를 넣어준다.❸
4. 소를 넣은 오징어의 꼬리 부분을 꼬치로 꿰어 준다.❹
5. 찜통에 채운 오징어를 넣고 8분간 쪄서 익힌다.
6. 5를 꺼내어 3분간 식힌 후 0.7cm 폭으로 썰어준다.❺
7. 중불의 팬에 올리브유를 두르고 양파, 당근 등을 볶다가 토마토페이스트를 넣고 볶는다.❻
8. 7에 백포도주를 넣고 볶다가 여러 향신료와 육수를 넣고 중불에서 끓이며 가미하여 수프를 만든다.
9. 분량의 간장, 식초, 정제수 등을 섞어 초간장을 만든다.

Point

1. 야채 형태의 손상을 막기 위해 토마토페이스트를 별도로 팬에 볶아 섞기도 한다.
2. 중불에서 은근히 끓여야 맑은 수프를 얻을 수 있다.
3. 끓이는 중에 뜨는 거품은 걷어낸다.
4. 달걀은 흰자만 사용하고 최소한으로 넣는다.
5. 오징어 내부에 녹말가루를 뿌리고 속을 채운다.

39 치킨알라키브와 애호박국

Chicken A La Kiev with Green Squash Soup

닭가슴살에 허브와 마늘 등으로 양념하고 가운데에 굳힌 허브버터나 치즈 등을 넣어 구운 것으로, 제정러시아 시대부터 유래된 치킨요리이다. 허브의 향이 내용물과 어우러져 담백한 맛이 있으며 머스타드 소스와 함께 서양인들이 즐겨 애용하는 요리이다.

새우젓이 들어가 독특하고 시원한 맛을 주는 애호박국은 소화에 도움을 준다. 좌우의 요리가 잘 조화되는 어울림메뉴이다.

1

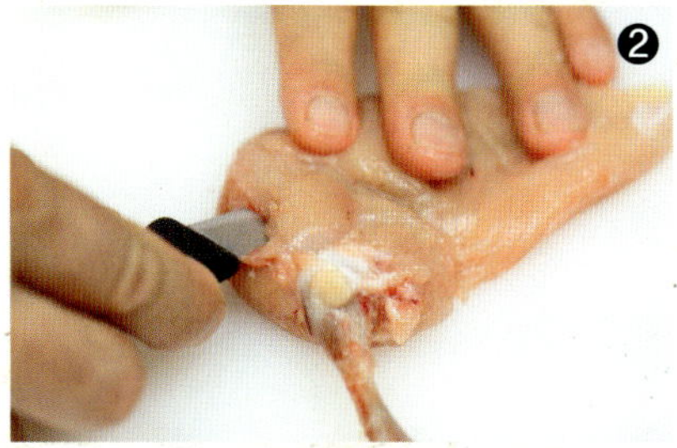

2

3

재료 및 분량

치킨알라키브

닭가슴살 1개 / 통후추 2알
생백리향(타임) 0.5g / 로즈마리 0.5g
마늘 5g / 시금치 15g / 브리치즈 25g
밀가루 10g / 올리브유 20mL / 당근 10g
애호박 10g / 황피망 5g / 버터 10g
샬롯 5g / 백포도주 10mL / 머스타드 10g
소금, 후추 적당량

애호박국

애호박 0.5개 / 파 2g / 마늘 3g
새우젓 2g / 간장 5mL / 소금, 후추 적당량

재료 준비

1. 파, 마늘은 곱게 다져서 준비한다.
2. 닭가슴살은 껍질을 제거하고 가미하여 휴지한다.
3. 시금치는 데쳐서 찬물에 식힌 후 물기를 제거한다.
4. 당근과 애호박은 타원형으로 다듬는다.
5. 황피망은 마름모로 썬다.
6. 애호박은 깨끗이 씻어 물기를 제거하고 반원형으로 썬다. ❶

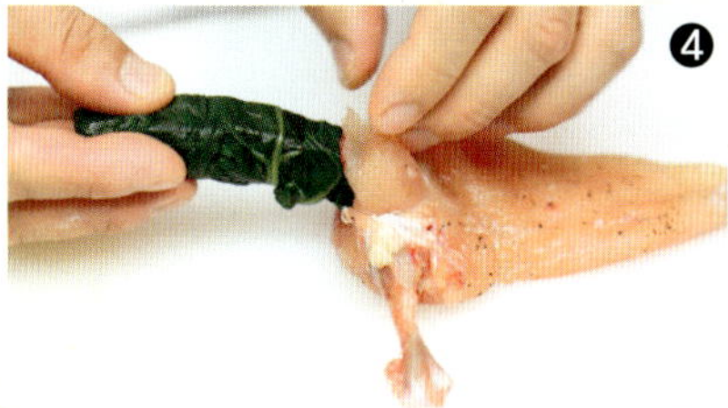

4

5

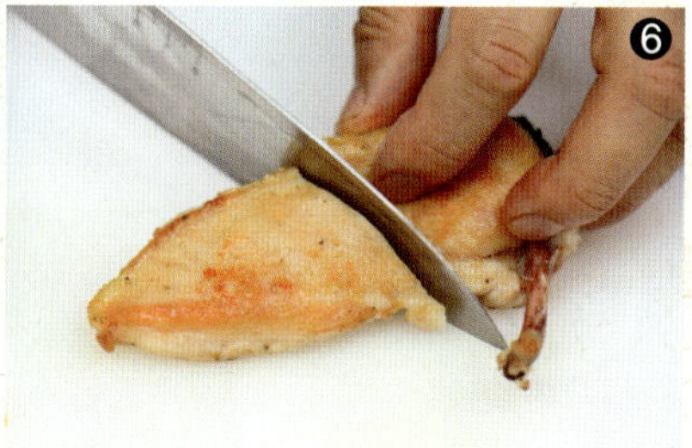

6

만드는 방법

1. 닭가슴살의 중앙부위에 칼을 넣어 3cm 폭의 공간을 만든다. ❷
2. 데친 시금치의 물기를 제거하고 펼친 후 가운데에 치즈를 올린다. ❸
3. 2를 닭가슴살의 중앙에 밀어 넣는다. ❹
4. 3에 밀가루를 고루 바르고 여분의 밀가루는 털어낸다.
5. 중불의 팬에 올리브유를 두르고 준비한 가슴살을 올리고 구워 준다. ❺
6. 당근, 애호박 등은 버터에 볶으며 가미한다.
7. 중불의 팬에 다진 샬롯을 볶다가 백포도주를 넣고 조린 후 머스타드를 넣고 가미하여 소스를 만든다.
8. 중불의 팬에 식용유를 두르고 준비한 파, 마늘을 넣고 볶아 준다.
9. 8에 애호박을 넣고 볶다 새우젓과 분량이 정제수를 넣고 3분간 끓이며 가미하여 애호박국을 만든다.
10. 구운 가슴살을 적당히 등분한다. ❻

Point

1. 닭고기는 익으면 수축되므로 근육의 반대방향으로 잔칼집을 여러 번 넣어 준비한다.
2. 다양한 치즈를 활용하여 만들 수 있다.
3. 버터에 다진 마늘과 파슬리를 넣어 혼합한 후 굳혀서 치즈 대신 사용할 수 있다.

40 칩샌드위치와 장국죽
Chip Sandwich with Rice Beef Porridge

양념한 쇠고기와 표고를 볶다가 불린 멥쌀을 넣고 끓여 간장으로 간을 맞춘 죽으로, 간편하게 먹을 수 있어 바쁜 현대인에게 잘 어울리는 음식이다. 소화흡수가 편해 아침메뉴로 적합하다. 아울러 서양인들이 선호하는 감자칩을 이용한 샌드위치는 다이어트메뉴로 잘 조화되는 어울림메뉴이다.

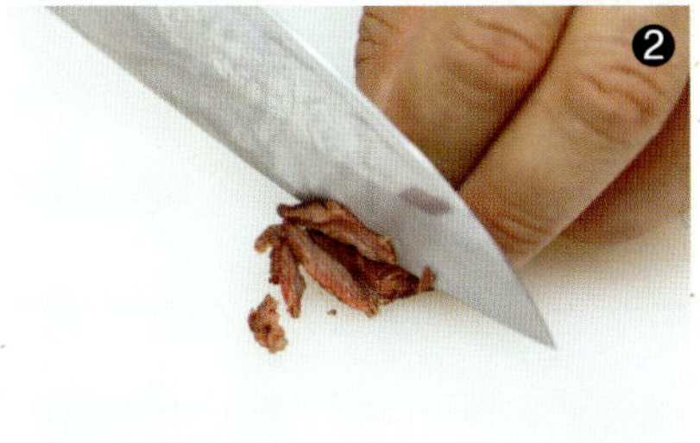

재료 및 분량

칩샌드위치

감자 1개 / 식용유 30ml / 당근 20g
호박 20g / 홍피망 20g / 황피망 20g
생백리향(타임) 0.5g / 아메리칸치즈 2장
올리브유 5ml / 버터 5g / 마요네즈 5g
소금, 후추 적당량

장국죽

멥쌀 40g / 표고버섯 5g / 쇠고기(우둔) 15g
실파 7g / 마늘 3g / 간장 10ml
참기름 5ml / 소금, 후추 적당량

재료 준비

1. 멥쌀은 깨끗이 씻어 물에 40분간 불려 준비한다.
2. 감자를 깨끗이 씻어 1mm 두께로 썰어 찬물에 담가 30분간 휴지한다.
3. 파, 마늘은 곱게 다져서 준비한다.
4. 당근, 호박 등은 3mm 두께로 썬다.
5. 버터와 마요네즈는 혼합하여 준비한다.
6. 분량의 다진 파, 마늘, 간장, 참기름을 섞어 간장양념장을 만든다.
7. 표고버섯은 손질하여 가늘게 채썬다. ❶
8. 쇠고기는 가늘게 채썰어 가미한다. ❷
9. 표고와 쇠고기는 간장양념장에 무친다.

만드는 방법

1. 중불의 팬에 식용유를 두르고 준비한 쇠고기, 표고를 볶다가 불린쌀을 넣고 끓여 주며 가미한다. ❸
2. 준비한 감자를 170℃의 식용유에 넣고 튀겨 낸다.
3. 당근, 호박 등은 끓는 소금물에 10초간 데쳐 식힌다. ❹
4. 데친 야채를 향신료 등으로 가미한다. ❺
5. 감자칩과 가미한 야채 등을 포개어 샌드위치를 만든다. ❻

Point

1. 감자는 표면의 녹말을 제거하고 튀겨야 한다.
2. 데친 야채는 물기를 제거하고 가미한다.
3. 죽에 들어가는 쌀은 으깨어 반분하여 사용한다.
4. 샌드위치의 야채 사이에 혼합버터를 발라 준다.

41 연어스테이크와 오곡밥
Salmon Steak with Five Grain Steam Rice

연어는 오메가3를 다량으로 함유하고 있어 혈액을 맑게 하고 관절을 튼튼하게 하는 기능이 있다. 레몬으로 연어를 양념하고 케이퍼소스를 곁들이면 부드러운 연어의 육질과 어우러져 맛이 일품이다.

여기에 다양한 영양소가 함유되어 있는 오곡을 이용한 밥을 지어 함께하면 담백하고 조화로운 어울림메뉴로 탄생한다.

재료 및 분량

1인분

찹쌀 60g / 검은콩 20g / 차조 20g
붉은팥 20g / 차수수 20g / 연어 120g
레몬 0.5개 / 통후추 2알 / 로즈마리 0.5g
밀가루 10g / 올리브유 10ml / 버터 15g
셜롯 10g / 백포도주 15ml / 케이퍼 2g
더블크림 30ml / 양상추 10g / 그린비타민 5g
새싹채소 5g / 딜 0.5g / 은행 2알
소금, 후추 적당량

재료 준비

1. 오곡은 깨끗이 씻어 40분간 물에 불려 준비한다.
2. 양상추, 새싹채소 등은 깨끗이 씻어 찬물에 담가 10분간 휴지 후 물기를 제거한다.
3. 손질한 연어에 소금과 으깬 통후추로 가미한다. ❶
4. 3의 양면에 레몬을 짜서 즙을 발라 가미한다. ❷
5. 셜롯, 케이퍼는 곱게 다져서 준비한다. ❸

만드는 방법

1. 불린 오곡을 솥에 넣고 30분간 가열하여 밥을 짓는다.
2. 올리브유, 레몬주스 등을 혼합하여 드레싱을 만든다.
3. 중불의 팬에 버터를 녹이고 다진 셜롯을 볶다가 백포도주를 넣고 조린다. ❹
4. 3에 크림, 케이퍼 등을 넣고 끓여준다. ❺
5. 4를 5분간 끓이며 가미하여 소스를 완성한다.
6. 중불의 팬에 올리브유를 두르고 준비한 연어를 넣고 구워 준다. ❻

Point

1. 연어살은 중불에서 굽기 시작하여 약불로 줄인 후 익혀야 한다.
2. 오곡 외의 잡곡을 다양하게 혼합하여 만들 수 있다.
3. 스테이크에 곁들이는 쌀은 멥쌀을 이용할 수 있다.
4. 오곡밥은 고슬고슬하게 짓는다.
5. 찹쌀은 멥쌀에 비하여 물을 10% 적게 넣는다.

42 장떡과 쇠고기볶음

Korean Red Pepper Paste Pancake with Stir Fried Beef

밀가루에 고추장, 된장 등으로 가미하고 반죽하여 부친 작은 전으로, 전통적으로는 반죽에 쇠고기 등의 재료를 혼합하여 부쳐 이용하였다. 간식이나 반찬으로 적합하다. 여기에 서양인이 선호하는 등심과 양파, 피망 등을 섞어서 볶고 새싹채소 샐러드와 고추장소스를 곁들여 여러 요소가 잘 조화되는 어울림메뉴이다.

재료 및 분량

장떡

밀가루 35g / 고추장 15g / 된장 3g
청주 5mL / 식용유 30mL / 소금, 후추 적당량

쇠고기볶음

쇠고기(등심) 50g / 통후추 2알
생백리향(타임) 0.5g / 양파 10g
황피망 10g / 청피망 10g / 단호박 30g
올리브유 25g / 새싹채소 5g / 셜롯 5g
레몬 0.25개 / 버터 10mL / 고추장 5g
백포도주 10mL / 소금, 후추 적당량

재료 준비

1. 분량의 밀가루와 고추장 등을 넣고 장떡반죽을 만든다. ❶
2. 1을 체에 걸러 20분간 휴지한다. ❷
3. 쇠고기는 0.7cm×0.7cm×7cm 크기로 썰어 가미하여 10분간 휴지한다.
4. 양파, 황피망, 청피망 등은 5mm 두께로 채썰어 준비한다. ❸
5. 새싹채소는 깨끗이 씻어 물기를 제거한다.
6. 양파, 셜롯은 곱게 다져서 준비한다.

만드는 방법

1. 중불의 팬에 식용유를 두르고 준비한 장떡반죽을 넣고 직경 5cm 크기로 부친다. ❹
2. 중불의 팬에 올리브유를 두르고 가미한 쇠고기를 넣고 볶아 준다. ❺
3. 2에 준비한 양파채 등을 넣고 볶아주며 가미하여 완성한다. ❻
4. 올리브유, 레몬주스 등을 혼합하여 드레싱을 만든다.
5. 중불의 팬에 버터를 녹이고 다진 셜롯을 볶다가 백포도주, 고추장을 넣고 조린 후 가미하여 소스를 만든다.

Point

1. 쇠고기는 센불에서 살짝 볶는다.
2. 고추장과 된장은 분량의 물과 함께 풀어서 넣으면 효과적으로 섞인다.
3. 장떡은 고추장으로 가미하였으므로 소금간은 하지 않는다.
4. 장떡반죽에 다양한 재료를 섞어 만들 수도 있다.
5. 밀가루는 체에 내려 사용한다.

43 표고전과 골라쉬수프

Shiitake Pancake with Goulash Soup

다진 쇠고기, 으깬 두부와 여러 양념을 합하여 만든 소를 표고버섯 안쪽에 넣어 지진 것으로 명절 상차림이나 교자상에 올라가는 음식이다. 초간장을 곁들여 먹는다.

여기에 서양고추가루인 파프리카분과 쇠고기, 여러 야채 등을 함께 끓인 골라쉬수프는 헝가리에서 유래하였다. 파프리카의 향과 표고전이 잘 조화되는 어울림메뉴이다.

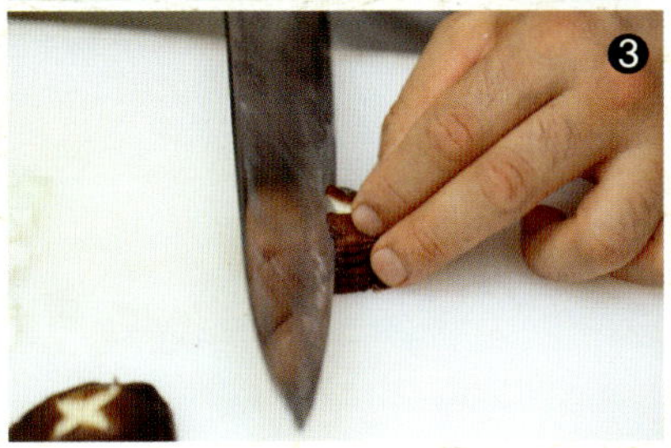

재료 및 분량

표고버섯전

표고버섯 3개 / 간장 2mL / 참기름 1mL
다진쇠고기(우둔) 25g / 두부 5g / 실파 7g
마늘 5g / 간장 5mL / 설탕 2g / 참기름
5mL 깨소금 1g / 녹말가루 5g / 달걀 1개
식용유 30mL / 소금, 후추 적당량

골라쉬수프

쇠고기(방심) 30g / 양파 10g / 당근 10g
셀러리 10g / 홍피망 10g / 황피망 10g
청피망 10g / 마늘 5g / 토마토페이스트 20g
적포도주 5mL / 파프리카분 2g / 밀가루 2g
생백리향(타임) 0.5g / 토마토주스 40mL
쇠고기육수 40mL / 식빵 0.25쪽□
올리브유 10mL / 소금, 후추 적당량

재료 준비

1. 파, 마늘은 곱게 다져서 준비한다.
2. 두부는 으깨어 물기를 꼭 짜서 준비한다.
3. 달걀은 풀어 체에 걸러서 준비한다.
4. 분량의 다진 파, 마늘, 깨소금, 설탕, 간장, 참기름을 섞어 간장양념장을 만든다.
5. 쇠고기(방심), 양파, 당근, 셀러리 등은 작은 주사위형(0.5cm×0.5cm×0.5cm)으로 썰어 준비한다.
6. 표고의 속대를 제거한다. ❶
7. 끓는 소금물에 표고를 넣고 5초간 데쳐 식힌다. ❷
8. 표고의 표면에 십자의 문양을 만든다. ❸
9. 간장양념장으로 표고를 가미한다.
10. 식빵은 0.7cm×0.7cm×0.7cm 크기로 썰어 준비한다.

만드는 방법

1. 다진 쇠고기, 두부 등과 양념을 합하여 소를 만든다.
2. 표고에 준비한 소를 넣고 눌러 준다. ❹
3. 중불의 팬에 식용유를 두르고 소를 넣은 표고를 넣고 지져 준다. ❺
4. 중불의 팬에 올리브유를 두르고 준비한 쇠고기, 양파, 당근 등을 볶다가 토마토페이스트를 넣고 볶아 준다. ❻
5. 4에 적포도주를 넣고 조린 후 밀가루와 파프리카분을 넣고 육수 등으로 농도를 조절하며 수프를 만든다.
6. 중불의 팬에 올리브유를 두르고 준비한 식빵을 넣고 구워 준다.

Point

1. 데친 표고의 물기를 제거하고 안쪽에 녹말가루를 뿌려 준다.
2. 쇠고기는 야채보다 20% 크게 썰어 준비한다.
3. 밀가루와 파프리카분은 체에 내려 사용한다.

44 고구마칩버거와 애호박죽

Sweet Potato Chip Burger with Green Squash Porridge

다진 쇠고기에 야채와 여러 양념을 더하여 만든 반죽을 원형으로 성형하여 굽고, 고구마칩과 토마토 등의 야채를 어울러 만든 샌드위치이다. 빵을 사용한 것보다 칼로리가 적고 맛있어 다이어트 음식으로 적합하다. 여기에 소화에 도움을 주는 간편한 애호박죽을 곁들임으로 동서양이 잘 조화된 어울림메뉴가 된다.

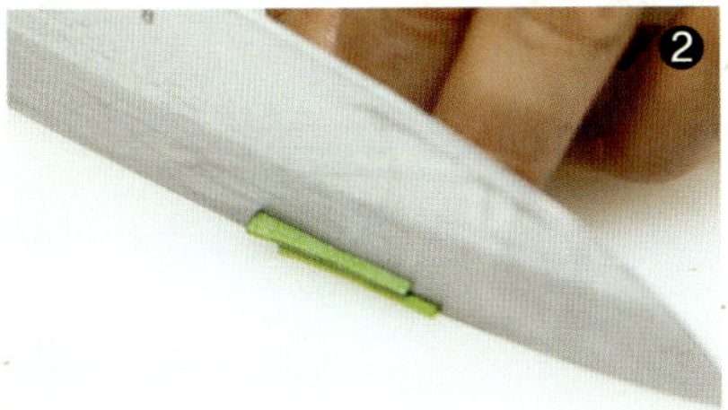

재료 및 분량

고구마칩버거

고구마 60g / 애호박 30g / 식용유 50mL
쇠고기(우둔) 60g / 양파 10g / 당근 10g
셀러리 10g / 세이지 0.5g / 빵가루 10g
홍피망 10g / 황피망 10g / 통후추 1알
토마토 0.5개 / 설탕 5g / 버터 5g
마요네즈 10g / 소금, 후추 적당량

애호박죽

멥쌀 30g / 쇠고기(우둔) 20g / 실파 7g
마늘 3g / 간장 10mL / 참기름 10mL
애호박 40g / 소금, 후추 적당량

재료 준비

1. 멥쌀은 깨끗이 씻어 물에 40분간 불려 준비한다.
2. 쇠고기는 다진 파, 간장 등으로 가미한다.
3. 고구마를 깨끗이 씻어 1mm 두께로 썰어 찬물에 담가 30분간 휴지한다.
4. 호박은 3mm 두께로 썰어 올리브에 구워 식힌다.
5. 양파, 마늘, 당근, 셀러리 등은 곱게 다져서 준비한다.❶
6. 다진 야채와 다진 소고기 양념 등을 합하여 패티반죽을 만든다.
7. 애호박은 3cm 폭으로 돌려깎기하여 채썰도 소금으로 가미한다.❷
8. 쇠고기는 곱게 다져서 준비한다.❸
9. 홍피망, 황피망, 토마토는 3mm 두께로 썰어 준비한다.
10. 버터와 마요네즈는 혼합하여 준비한다.

만드는 방법

1. 중불의 팬에 식용유를 두르고 준비한 쇠고기, 애호박을 볶다가 불린 쌀을 넣고 끓여 주며 가미한다.
2. 준비한 고구마를 170℃의 식용유에 넣고 튀겨 낸다.
3. 반죽한 쇠고기를 직경7cm 두께 1cm 크기로 성형한다.❹
4. 중불의 팬에 올리브유를 두르고 성형한 페티를 넣고 구워 준다.❺
5. 고구마칩과 가미한 야채 등을 포개어 샌드위치를 만든다.❻

Point

1. 고구마는 표면의 녹말을 제거하고 튀겨야 한다.
2. 토마토는 소금과 설탕으로 가미하여 사용한다.
3. 죽에 들어가는 쌀은 으깨어 반분하여 사용한다.
4. 샌드위치의 야채 사이에 혼합버터를 발라 준다.
5. 세이지는 잘게 다져서 사용한다.

45 떡볶이와 참치샐러드

Stir Fried Rice Cake with Tuna Salad

떡볶이떡에 고추장양념을 하고 여러 야채 등을 함께 볶은 것으로 매콤하면서도 약간 달콤한 맛이 일품이어서 최근에는 서양인들도 애용하고 있다.
치즈떡볶이떡 등 다양한 종류의 떡을 사용할 수 있으며 기호에 따라 매운맛을 조절한다. 여기에 담백한 맛의 참치와 고소한 크림을 혼합하여 만든 샐러드를 곁들이면 동서양이 잘 조화된 어울림메뉴가 된다.

재료 및 분량

떡볶이

떡볶이떡 70g / 대파 20g / 양파 20g
홍고추 10g / 청고추 10g / 마늘 5g
식용유 20mL / 고추장 30g / 고춧가루 3g
물엿 10mL / 간장 5mL / 깨소금 1g
참기름 5mL / 소금, 후추 적당량

참치샐러드

참치(캔) 30g / 레몬 0.5개 / 통후추 1알
양상추 30g / 그린비타민 5g / 새싹채소 5g
처빌 0.5g / 올리브유 15mL / 설롯 5g
더블크림 20mL / 소금, 후추 적당량

재료 준비

1. 대파, 양파, 홍고추, 청고추는 5mm 폭으로 채썰어 준비한다. ❶
2. 파, 마늘, 셜롯은 곱게 다져서 준비한다.
3. 양상추, 그린비타민 등은 등분하여 물에 담궈 깨끗이 씻고 물기를 제거하여 준비한다.

만드는 방법

1. 분량의 다진 파, 마늘, 고춧가루, 고추장, 간장, 참기름 등을 넣고 혼합하여 고추장 양념장을 만든다.
2. 중불의 팬에 식용유를 두르고 준비한 야채들을 넣고 볶아 준다. ❷
3. 2에 고추장양념장을 넣고 볶다가 준비한 떡을 넣고 섞으며 가미한다. ❸
4. 참치살의 물기를 꼭 짜서 제거하고 레몬주스 등으로 가미한다. ❹
5. 가미한 참치살에 졸인 크림을 넣고 혼합한다. ❺
6. 두 개의 숟가락을 이용하여 참치살을 타원형으로 성형한다. ❻
7. 올리브유, 레몬쥬스 등을 혼합하여 드레싱을 만든다.

Point

1. 크림은 1/3으로 졸여서 식힌 후 사용한다.
2. 떡볶이떡은 끓는 물에 데쳐 가미하여 사용한다.
3. 떡볶이에 들어가는 재료는 다양하게 사용할 수 있다.

46 떡산적과 브로콜리수프
Rice Cake Brochette with Broccoli Soup

떡을 꼬치에 꽂고 사이에 쇠고기반죽을 채워 구운 꼬치요리이다. 쇠고기등심을 꽂은 것에 비하여 부드럽고 식감이 좋아 어린이나 노인에게 적합한 요리이다.

서양인들이 일상에서 즐겨먹는 브로콜리수프는 담백하고 가벼운 맛으로 여러 코스요리에 잘 어울린다. 브로콜리에는 플라보노이드와 칼륨이 풍부하여 혈관을 건강하게 하고 신진대사를 촉진하는 기능도 있다. 동서양요리의 장점을 살린 잘 조화된 어울림메뉴이다.

재료 및 분량

떡산적

떡볶이떡 70g / 다진쇠고기 40g / 두부 5g
대파 7g / 홍고추 5g / 청고추 5g / 마늘 5g
간장 5mL / 참기름 5mL / 깨소금 1g
밀가루 3g / 식용유 10mL / 대꼬치 4개
소금, 후추 적당량

브로콜리수프

버터 15g / 양파 10g / 브로콜리 50g
백포도주 10mL / 밀가루 3g / 닭육수 80mL
더블크림 15mL / 파슬리 5g / 식빵 0.25쪽
올리브유 15mL / 소금, 후추 적당량

재료 준비

1. 떡볶이떡은 끓는물에 데쳐 가미하여 준비한다.
2. 두부는 으깨어 물기를 꼭 짜서 준비한다.
3. 홍고추, 청고추는 반분하여 씨를 제거하고 잘게 다져서 준비한다.
4. 파슬리는 손질하여 물기를 제거하고 곱게 다져 면보에 꼭 짜서 싼 채로 엽록소를 제거하여 준비한다.
5. 브로콜리는 다듬어 소금물에 데쳐 준비한다. ❶
6. 파, 마늘, 양파는 곱게 다져서 준비한다. ❷
7. 분량의 다진 파, 마늘, 깨소금, 간장, 참기름 등을 섞어 간장양념장을 만든다.
8. 간장양념장과 분량의 쇠고기, 두부 등을 섞어 반죽을 만든다. ❸
9. 식빵은 0.7cm×0.7cm×0.7cm 크기로 잘라 준비한다.

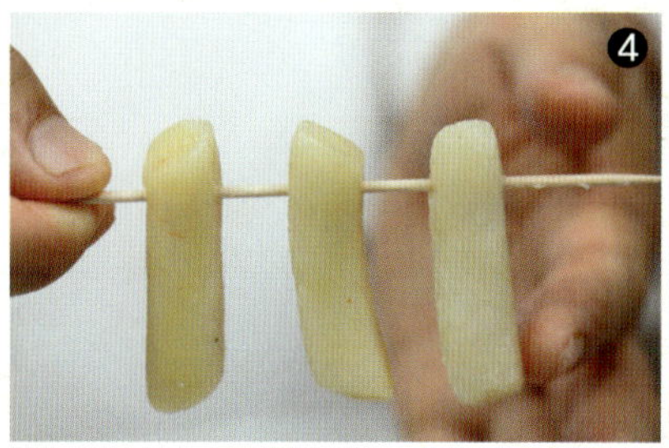

만드는 방법

1. 꼬치에 3개의 떡을 꽂아서 준비한다. ❹
2. 떡 사이에 쇠고기반죽을 채워서 눌러주고 밀가루를 뿌린 후 여분의 꼬치는 자른다. ❺
3. 중불의 팬에 식용유를 두르고 준비한 떡산적을 올리고 구워 준다. ❻
4. 중불의 팬에 버터를 녹이고 다진 양파를 볶다가 밀가루를 넣고 볶은 후 백포도주를 넣고 조린다.
5. 4에 브로콜리와 육수 등을 넣고 중불에서 5분간 끓인 후 믹서에 곱게 간다.
6. 5를 팬에 올리고 끓이며 가미하여 체에 걸러 수프를 완성한다.
7. 중불의 팬에 올리브유를 두르고 준비한 식빵을 넣고 구워 준다.

Point

1. 쇠고기반죽을 대체하여 쇠고기등심을 성형 후 꽂아 사용할 수 있다.
2. 브로콜리의 색상이 약할 경우 시금치 등을 넣어 사용할 수 있다.
3. 수프의 고유한 색상을 고려하여 휘핑크림은 적절히 사용한다.

47 화전과 닭바비큐

Pan Fried Rice Cake with Chicken Barbecue

찹쌀가루에 소금을 넣고 반죽하여 팬후라이 한 것으로 가운데에 계절꽃을 올려 아름다움을 더했다. 설탕시럽에 재워 후식으로 제공할 수도 있다.

밥을 대체할 수 있는 즉석 떡으로 서양인의 입맛에도 잘 어울린다. 여기에 매콤하며 새콤달콤한 닭바비큐를 곁들이면 한 끼의 식사로 잘 조화되는 어울림메뉴이다.

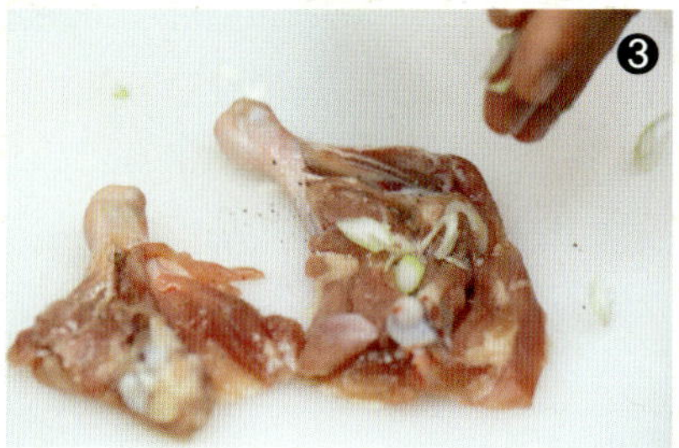

재료 및 분량

화전

찹쌀가루 50g / 식용꽃 2g / 식용유 15mL
소금, 후추 적당량

닭바비큐

닭고기 120g / 파프리카분 3g / 통후추 3알
로즈마리 0.5g / 셜롯 5g / 생강 2g
양파 10g / 홍피망 10g / 황피망 10g
청피망 10g / 마늘 5g / 올리브유 15mL
토마토페이스트 10g / 토마토주스 30mL
설탕 10g / 식초 10mL / 핫소스 5mL
타바스코 3mL / 소금, 후추 적당량

재료 준비

1. 양파, 셜롯, 홍피망 등은 곱게 다져서 준비한다.
2. 생강은 강판에 갈아 즙을 만들어 면보에 넣고 짜서 생강액을 만든다.
3. 분량의 찹쌀가루에 소금을 넣고 체에 내려 준비한다. ❶
4. 3에 분량의 물을 넣고 반죽하여 체에 내린다. ❷
5. 닭고기는 소금, 후추, 파프리카, 다진 마늘 등으로 양념하여 20분간 숙성시킨다. ❸

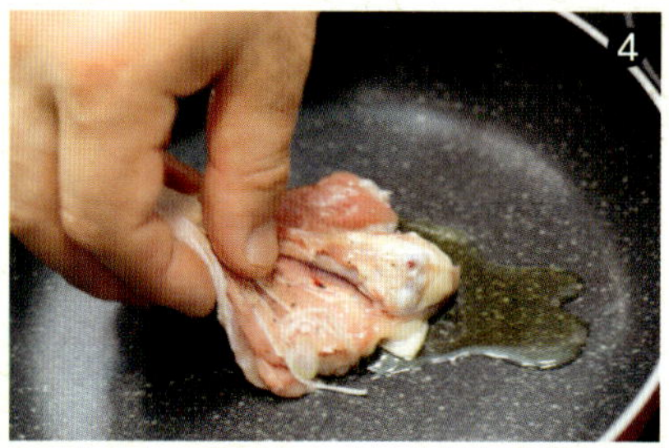

만드는 방법

1. 중불의 팬에 올리브유를 두르고 다진 양파, 마늘 등을 넣고 볶아 준다.
2. 1에 토마토페이스트, 토마토 주스, 핫소스 등을 넣고 끓이며 가미하여 바비큐소스를 만든다.
3. 중불의 팬에 올리브유를 두르고 가미한 닭고기를 넣어 익혀준다. ❹
4. 초벌구이한 닭고기에 바비큐소스를 발라 준다. ❺
5. 4를 팬이나 오븐에 넣고 구워서 완성한다.
6. 중불의 팬에 식용유를 두르고 원형의 화전을 부친다. ❻

Point

1. 찹쌀가루와 멥쌀가루를 섞어 사용하기도 한다.
2. 화전에 설탕시럽을 곁들여 후식으로 제공하기도 한다.
3. 닭고기는 근육의 반대 방향으로 칼집을 넣어준다.

48 버섯리소토와 아욱국

Mushroom Risotto with Mallow Soup

여러 가지 버섯과 불린쌀을 이용하여 지은 밥요리로 고소하고 담백하여 서양인들이 즐겨 먹는다. 스테이크나 해산물요리의 곁들임으로 많이 애용하고 있으며 밥에 비해 고칼로리의 음식이다. 여기에 시원하고 깔끔한 맛의 아욱국을 곁들임으로써 서로 잘 조화되는 어울림메뉴이다.

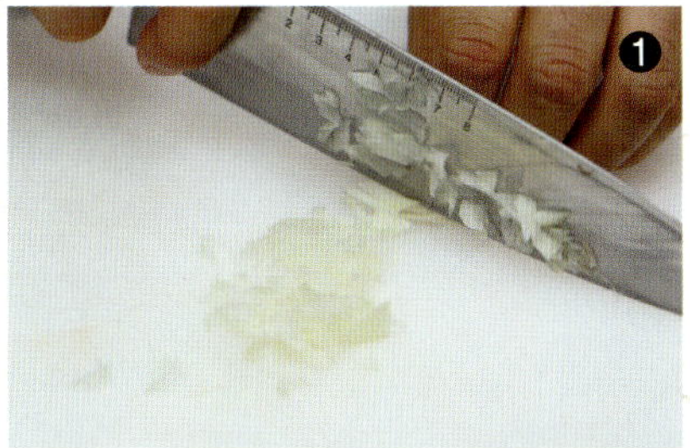

재료 및 분량

버섯리소토

멥쌀 40g / 양파 10g / 양송이버섯 15g
표고버섯 10g / 느타리버섯 10g
새송이버섯 10g / 올리브유 10g
백포도주 10mL / 닭육수 100mL
생백리향(타임) 0.5g / 버터 10g
소금, 후추 적당량

아욱국

아욱 70g / 마른새우 3g / 파 7g
된장 10g / 고추장 1g / 마늘 3g
소금, 후추 적당량

재료 준비

1. 멥쌀은 깨끗이 씻어 40분간 물에 불려 준비한다.
2. 양파는 곱게 다져서 준비한다. ❶
3. 파, 마늘은 곱게 다져서 준비한다.
4. 아욱은 껍질을 벗겨 깨끗이 손질하고 물에 담가 씻어 물기를 제거한다.
5. 마른 중하는 분쇄하여 체에 거른다.
6. 양송이, 표고버섯 등은 잘게 썰어 준비한다. ❷

만드는 방법

1. 중불의 팬에 버터를 녹이고 다진 양파를 넣어 볶아준다. ❸
2. 양파를 연갈색으로 볶아준 후 버섯을 넣고 1분간 볶아준다. ❹
3. 버섯을 볶은 후에 불린쌀을 넣고 2분간 골고루 볶아준다. ❺
4. 3에 분량의 백포도주와 육수 등을 넣고 저으며 가열하여 리소토를 만든다.
5. 냄비에 분량의 물을 넣고 된장과 고추장을 풀어준다.
6. 5에 마른 중하를 넣고 5분간 끓여 준다.
7. 6에 준비한 아욱을 넣고 20분간 끓이며 가미하여 마무리한다.
8. 완성된 리소토를 숟가락을 이용하여 타원형으로 성형한다. ❻

Point

1. 다진 마늘과 파는 아욱국을 충분히 끓인 후 완성 3분 전에 넣는다.
2. 새우는 분쇄하지 않고 사용할 수 있다.
3. 리소토에 사용하는 육수를 적절히 조절하여 질지 않게 유의한다.

49 닭갈비와 단호박수프

Stir Fried Spicy Chicken with Autumn Squash Soup

닭고기에 여러 채소와 떡 등을 섞고 고추장양념으로 버무려 볶은 음식으로, 닭고기의 담백한 맛과 여러 재료들을 동시에 이용할 수 있어 널리 사랑받고 있는 닭요리이다, 또한 닭에는 필수지방산이 풍부하여 두뇌발달에도 도움을 준다. 더불어 단호박에 양파, 크림 등을 넣어 만든 수프를 곁들임으로 닭갈비의 맛과 잘 보완되는 어울림메뉴이다.

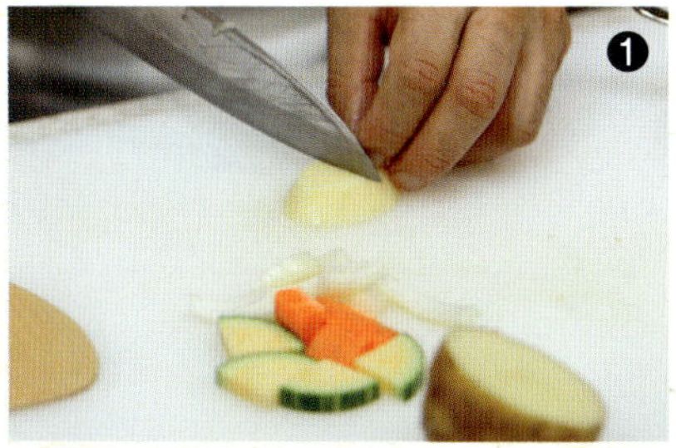

재료 및 분량

닭갈비

닭고기 80g / 떡볶이떡 15g / 감자 30g
고구마 20g / 양배추 20g / 양파 40g
당근 20g / 애호박 20g / 청고추 5g
대파 10g / 마늘 5g / 생강 2g / 청주 10mL
고추장 30g / 고춧가루 2g / 간장 5mL
참기름 5mL / 깨소금 1g / 식용유 15mL
닭육수60mL / 소금, 후추 적당량

단호박수프

버터 15g / 양파 10g / 단호박 60g
백포도주 10mL / 밀가루 1g / 닭육수 80mL
더블크림 15mL / 파슬리 5g / 식빵 0.25쪽
올리브유 10mL / 소금, 후추 적당량

재료 준비

1. 파, 마늘은 곱게 다져서 준비한다.
2. 파슬리는 손질하여 물기를 제거하고, 곱게 다져 면보에 싼 채 엽록소를 꼭 짜서 제거하여 준비한다.
3. 식빵은 0.7cm×0.7cm×0.7cm 크기로 잘라 준비한다.
4. 애호박, 당근 등은 1.5cm×1.5cm×1.5cm 크기로 잘라서 준비한다.❶
5. 다진 파, 마늘 등과 고춧가루를 고루 섞어 준다.❷
6. 다진 파 등의 양념에 고추장 참기름 등의 양념을 모두 넣고 섞어 양념장을 만든다.❸
7. 닭고기는 2cm×2cm×2cm 정도의 크기로 잘라 가미한다.❹
8. 단호박은 껍질을 벗겨 잘게 썰어 준비한다.
9. 양파는 잘게 썰어 준비한다.

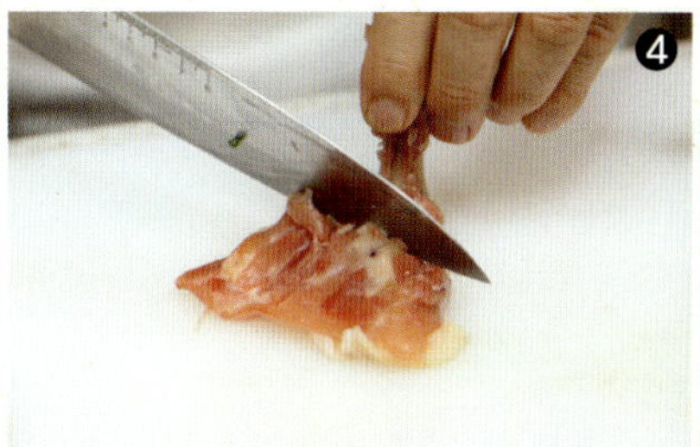

만드는 방법

1. 중불의 팬에 식용유를 두르고 준비한 양파, 당근 등을 넣고 볶아준다.❺
2. 야채를 살짝 볶아준 후 양념한 닭고기를 넣고 볶아준다.❻
3. 양념한 닭고기를 볶을 때 육수를 간간히 넣어주며 가미하여 완성한다.
4. 중불의 팬에 버터를 녹이고 다진 양파를 볶다가 백포도주를 넣고 조린다.
5. 4에 분량의 밀가루를 넣고 볶은 후 준비한 단호박을 넣고 10분간 무르게 끓인다.
6. 5를 믹서에 곱게 갈아 중불의 냄비에 넣고 가미하며 끓여 체에 거른다.
7. 중불의 팬에 올리브유를 두르고 준비한 식빵을 넣어 볶아 준다.

Point

1. 가미한 닭갈비는 1시간 정도 재워둔 후 상하를 섞어 양념이 고루 배이도록 한다.
2. 크림은 단호박 고유의 색상을 고려하여 적절히 사용한다.
3. 밀가루는 최소한으로 사용하거나 넣지 않을 수 있다

50 오골계탕과 새우샐러드
Silky Fowl Stew with Shrimp Salad

오골계의 뱃속에 찹쌀, 수삼 등의 보양재를 넣고 황기액에 1시간 정도 삶아 만들며 기호에 따라 한 마리는 양이 많아 반마리를 이용하여 반계탕을 만들기도 한다. 여름철의 보양식으로 외국인들도 많이 선호하는 닭요리 중 하나이다.

토종오골계를 이용하여 만들면 육질이 쫄깃하여 더욱 맛이 있다. 여기에 새우와 색스러운 피망 등을 섞고 샴페인드레싱으로 버무린 샐러드를 곁들임으로써 동양과 서양, 육지와 바다가 조화되는 어울림메뉴이다.

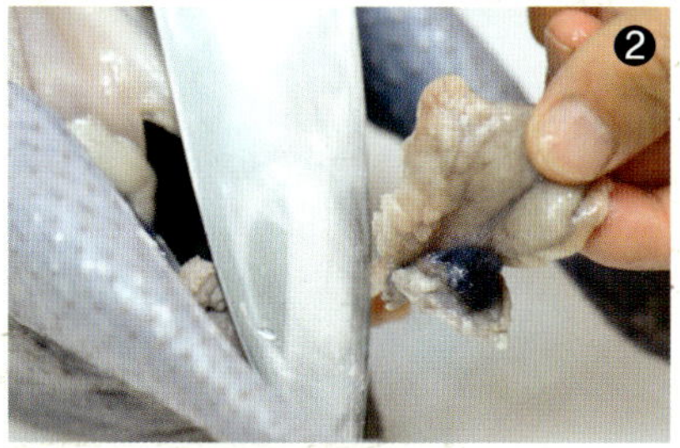

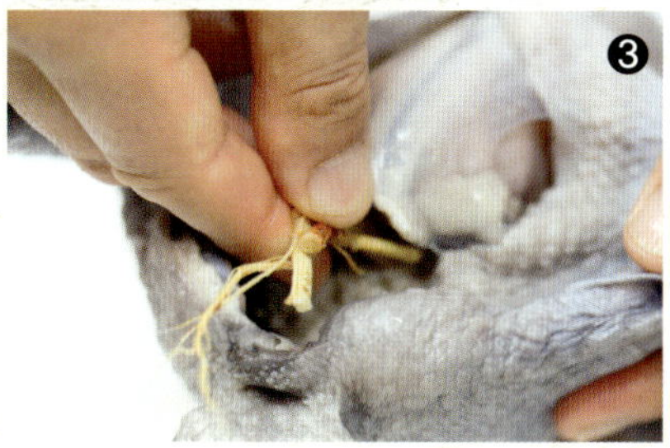

재료 및 분량

오골계탕

오골영계 1마리 / 찹쌀 40g / 황기 5g
수삼 10g / 은행 5알 / 헛개나무 10g
영지버섯 5g / 감초 3g / 마늘 5g / 대추 5g
소금, 후추 적당량

새우샐러드

새우(소) 40g / 레몬 0.5개 / 월계수잎 2장
통후추 2알 / 양파 20g / 홍피망 10g
황피망 10g / 올리브유 15mL / 백포도주
5mL 샴페인 5mL / 생백리향(타임)
0.5g / 딜 0.5g 소금, 후추 적당량

재료 준비

1. 분량의 찹쌀은 깨끗이 씻어 물에 40분간 불려 준비한다.
2. 양파, 홍피망, 황피망은 5cm 폭으로 채썰어 준비한다.❶
3. 오골계의 꼬리부분에 붙은 과도한 기름은 잘라낸다.❷
4. 인삼 등의 약재를 오골계의 배부분에 넣는다.❸
5. 불린 찹쌀을 오골계의 배부분에 넣는다.❹
6. 오골계의 한쪽 다리 끝부분에 3cm 길이의 칼집을 넣고 다리를 모아준다.❺
7. 끓는물에 월계수잎과 통후추 등을 넣고 중하를 데쳐서 식힌 후 레몬주스 등으로 가미한다.

만드는 방법

1. 냄비에 분량의 물과 황기, 헛개나무편, 영지버섯 등을 넣고 40분간 끓여 걸러서 준비한다.
2. 냄비에 1과 준비한 오골계를 넣고 1시간 정도 삶아 오골계탕을 만든다.
3. 올리브유, 레몬주스, 샴페인 등을 혼합하여 드레싱을 만든다.
4. 용기에 삶은 중하와 야채 및 드레싱을 넣고 가미하며 버무린다.❻

Point

1. 새우는 2초간 데쳐서 질겨지는 것을 방지한다.
2. 어울리는 다양한 적량의 한약재를 넣어 만들 수 있다.
3. 대추는 물에 불려 표면을 깨끗이 닦은 후 사용한다.

51 육원전과 마샐러드

Pan Fried Mixed Beef with Yam Salad

쇠고기를 곱게 다져 두부와 여러 야채를 섞고 양념하여 원형으로 성형한 후 구운 음식으로 서양의 살리스베리스테이크와 유사하다. 살리스베리스테이크에 비해 두부가 들어가 식물성단백질의 함량이 높아 성장기 어린이에게 도움이 된다.

더불어 마를 등분하여 썰고 여기에 샤프란향의 드레싱을 곁들여 만든 마샐러드는 칼륨이 풍부하여 인슐린분비를 촉진함으로 당뇨병치료에 도움이 되는 좌우가 잘 조화된 어울림메뉴이다.

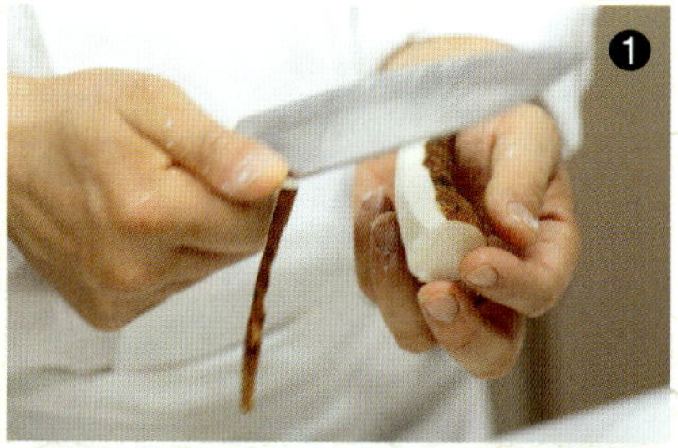

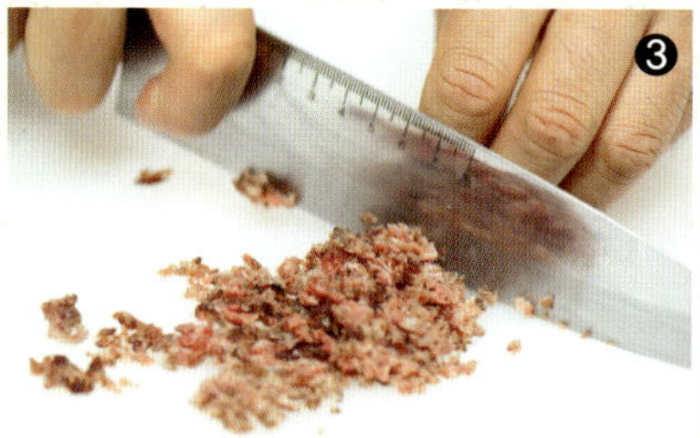

재료 및 분량

육원전

쇠고기 70g / 두부 15g / 대파 10g
마늘 5g / 홍고추 5g / 청고추 5g
간장 5mL / 참기름 5mL / 깨소금 1g
밀가루 5g / 식용유 30mL / 버터 10g
셜롯 5g / 포트와인 30mL / 소금, 후추 적당량

마샐러드

마 80g / 백포도주 10mL / 샤프란 0.01g
플레인요구르트 40mL / 올리고당 5mL
소금 적당량

재료 준비

1. 마는 깨끗이 손질하여 껍질을 벗기고 1cm×1cm×1cm 크기로 썬다. ❶
2. 파, 마늘, 홍고추 등은 곱게 다져서 준비한다. ❷
3. 분량의 다진 파, 마늘, 깨소금, 간장, 참기름 등을 섞어 간장양념장을 만든다.
4. 쇠고기는 곱게 다져서 준비한다. ❸
5. 두부는 으깨어 물기를 꼭 짜서 준비한다.

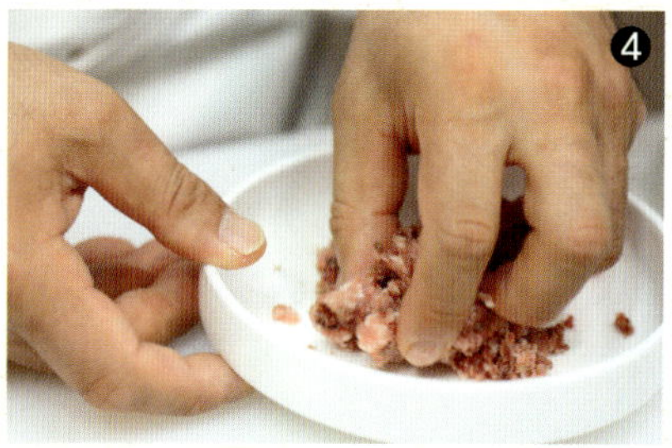

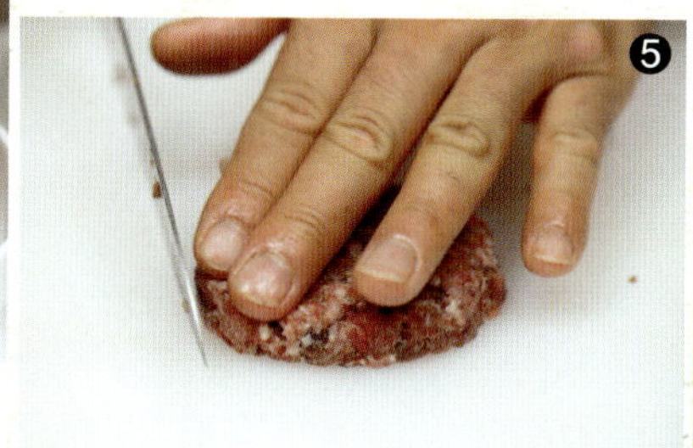

만드는 방법

1. 다진 쇠고기와 두부, 간장양념장 등을 합하여 반죽을 만든다. ❹
2. 쇠고기반죽을 직경 5cm, 두께 1cm로 성형한다. ❺
3. 중불의 팬에 식용유를 두르고 성형한 쇠고기반죽을 굽는다. ❻
4. 백포도주에 샤프란을 넣고 끓여 식혀준다.
5. 4에 플레인요구르트를 섞어 드레싱을 만든다.
6. 5에 준비한 마를 넣고 버무려 샐러드를 만든다.
7. 중불의 팬에 버터를 녹이고 다진 셜롯을 볶다가 포트와인을 넣고 조린 후 가미하여 소스를 만든다.

Point

1. 성형한 쇠고기반죽의 표면에 밀가루를 살짝 뿌려 굽는다.
2. 육원전의 표면이 타지 않도록 중불에서 시작해서 약불에서 굽는다.
3. 샐러드 드레싱은 묽지 않아야 한다.

52 메밀국수와 완자탕수

Buckwheat Noodles in Cream Sauce with Beef Ball Stew

메밀은 인체가 필요로 하는 필수 아미노산을 다량 함유하고 있어 노화를 늦추는 건강식품이다. 메밀은 시원한 간장육수에 버무려 많이 이용하나, 타라곤향이 은은한 크림소스에 삶은 메밀을 버무려 먹는 맛은 독특한 즐거움을 준다.
더불어 쇠고기완자와 여러야채를 어우러 넣고 간장소스로 만든 메뉴를 함께하여 잘 조화된 어울림메뉴이다.

재료 및 분량

메밀국수

메밀면 60g / 올리브유 10mL / 양파 10g
백포도주 10mL / 더블크림 60mL
타라곤 0.5g / 소금, 후추 적당량

완자탕수

다진쇠고기 60g / 생강 2g / 두부 10g
홍고추 5g / 청고추 5g / 대파 10g
마늘 5g / 깨소금 1g / 밀가루 5g
양파 10g / 홍피망 10g / 황피망 10g
청피망 10g / 식용유 30mL / 닭육수 50mL
간장 40mL / 녹말가루 5g / 참기름 5mL
소금, 후추 적당량

재료 준비

1. 메밀면은 2분간 삶아 냉수에 담가 식혀 물기를 제거한다.
2. 양파, 홍피망, 황피망, 청피망은 각 변 1.5cm 크기로 사각썰기 한다.❶
3. 홍고추, 청고추는 각 변 1.5cm 크기로 사각썰기 한다
4. 파, 마늘은 곱게 다져서 준비한다.❷
5. 생강은 강판에 갈아 즙을 만들어 면보에 넣고 짜서 생강액을 만든다.
6. 두부는 으깨어 물기를 꼭 짜서 준비한다.
7. 분량의 다진 파, 마늘, 깨소금, 간장, 참기름 등을 섞어 간장양념장을 만든다.

만드는 방법

1. 다진 쇠고기와 두부, 간장양념장 등을 합하여 반죽을 만든다.❸
2. 쇠고기반죽을 일정한 크기로 등분하여 자른다.❹
3. 완자반죽을 직경 1.5cm의 구형으로 성형한다.❺
4. 중불의 팬에 식용유를 두르고 완자를 굽는다.❻
5. 중불의 팬에 식용유를 두르고 사각썰기한 양파, 피망 등을 볶다가 간장과 육수 등을 넣고 끓인다.
6. 5에 녹말물을 넣어 농도를 조절하고 참기름 등으로 가미하여 탕수소스를 만든다.
7. 중불의 팬에 올리브유를 두르고 다진 양파를 볶다가 백포도주를 넣고 조린다.
8. 7에 더블크림과 향신료를 넣고 조려 소스를 만든다.
9. 중불의 팬에 올리브유를 두르고 메밀면을 볶다가 크림소스를 넣고 버무려 준다.

Point

1. 소스의 양은 완자가 보이는 정도로 한다.
2. 소스의 농도는 약간 묽은 것이 좋다.
3. 탕수소스에 들어가는 야채는 센불에서 살짝 볶아야 한다.

53 닭칼국수와 라따뚜이
Chicken Chopped Noodles with Ratatouille

닭고기에 여러 야채를 넣고 푹 끓여 진한 육수를 만들고, 여기에 칼국수를 삶아 만든 면요리로, 담백하며 칼로리가 높지 않아 장수음식이라고 할 수 있다. 여기에 색스러운 피망 등의 야채를 올리브유에 볶다가 토마토페이스트와 향신료를 넣고 볶은 라따뚜이를 함께한 조화를 잘 이룬 어울림메뉴이다.

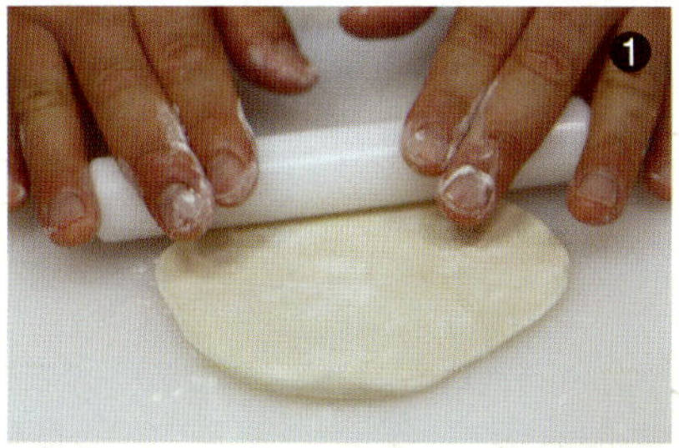

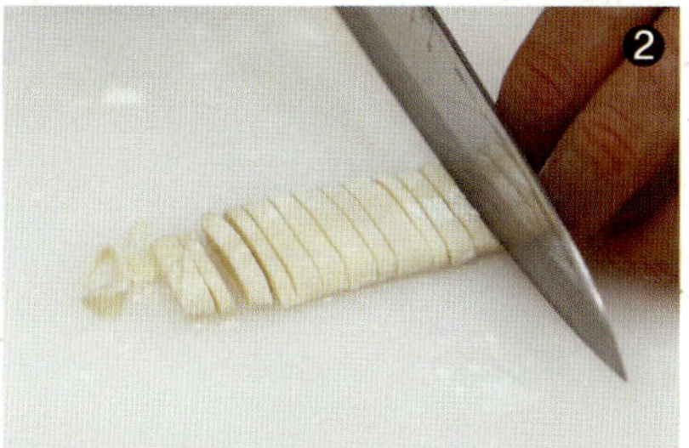

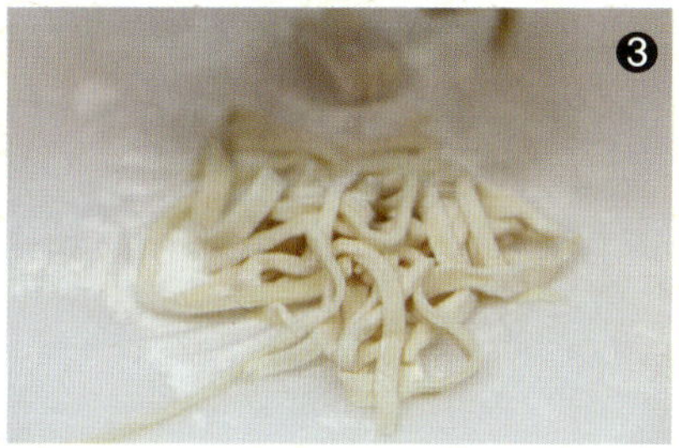

재료 및 분량

닭칼국수

닭고기 60g / 밀가루 70g / 대파 10g
마늘 5g / 생강 2g / 깨소금 1g / 간장 5mL
참기름 3mL / 애호박 30g / 실파 7g
달걀 1개 / 식용유 5mL / 소금, 후추 적당량

라따뚜이

양파 10g / 홍피망 10g / 황피망 10g
청피망 10g / 호박 10g / 토마토 0.5개
올리브오일 15mL / 토마토페이스트 15g
백포도주 10g / 생백리향(타임) 0.5g
생바질 0.5g / 새싹채소 5g
소금, 후추 적당량

재료 준비

1. 파, 마늘은 곱게 다져서 준비한다.
2. 닭고기는 대파, 마늘, 생강의 일부를 넣고 40분간 끓여준다.
3. 분량의 밀가루에 소금과 적량의 물을 넣어 반죽하고 면보에 싸서 20분간 휴지한다.
4. 생강은 강판에 갈아 즙을 만들어 면보에 넣고 짜서 생강액을 만든다.
5. 양파, 홍피망, 황피망, 청피망 등은 각 변 0.5cm 크기로 사각 썰기 한다.
6. 애호박은 3cm 폭으로 돌려깎기 하여 채썰고 소금으로 가미하여 볶아 준다.
7. 달걀은 황백으로 나누어 각각 적량의 소금을 넣고 고루 섞어 체에 거른 후 지단을 부친다.
8. 새싹채소는 깨끗이 씻어 물기를 제거한다.
9. 휴지한 밀반죽을 밀어 1mm 두께로 얇게 성형한다. ❶

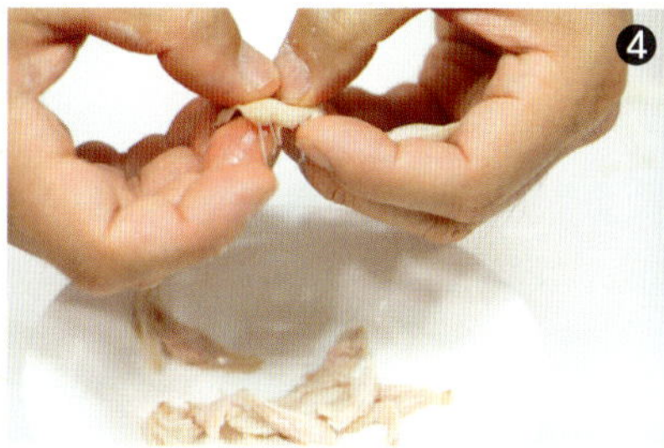

만드는 방법

1. 얇게 민 반죽에 밀가루를 뿌리고 네 번 접어 0.5cm 간격으로 썬다. ❷
2. 1에 밀가루를 뿌리고 서로 붙지 않게 떼어 준다. ❸
3. 익은 닭고기를 건져내고 육수에 간장 등으로 가미하여 끓인다.
4. 3에 칼국수를 넣고 2분30초간 끓여준 후 용기에 담는다.
5. 황백의 지단을 각각 곱게 채썰어 준비한다.
6. 삶은 닭고기는 결방향 0.5cm 폭으로 찢어 준다. ❹
7. 6에 참기름, 깨소금 등을 넣고 무쳐준다. ❺
8. 중불의 팬에 올리브유를 두르고 사각썰기한 당근, 피망 등을 볶다가 토마토페이스트를 넣고 섞으며 볶아준다. ❻
9. 8에 백포도주를 넣고 조리며 향신료 등으로 가미하여 라따뚜이를 만든다.

Point

1. 밀가루의 일부는 덧가루로 분리하여 준비한다.
2. 기호에 따라 고춧가루를 첨가하여 만든다.
3. 밀가루에 콩가루나 달걀을 넣고 반죽하기도 한다.
4. 소금은 물에 풀어서 밀가루에 넣고 반죽하는 것이 좋다.
5. 밀반죽할 때 밀가루는 체에 내려서 사용한다.

54 등갈비구이와 콩국수
Barbecue Pork Ribs with Cold Bean Noodles

돼지갈비를 생강 등으로 양념하여 바비큐소를 발라 오븐에서 구운 것으로 매콤새콤한 맛으로 인기를 누려오고 있는 대표적인 서양육류요리이다. 여기에 불린 흰콩을 삶아 껍질을 벗기고 믹서에 갈아 콩국물을 만들고 국수를 삶아 넣은 여름철의 별식으로 영양이 풍부하여 더위를 이기는데 도움이 되는 면요리이다. 콩가루를 얹어서 먹기도 한다. 동양과 서양이 잘 조화된 어울림메뉴이다.

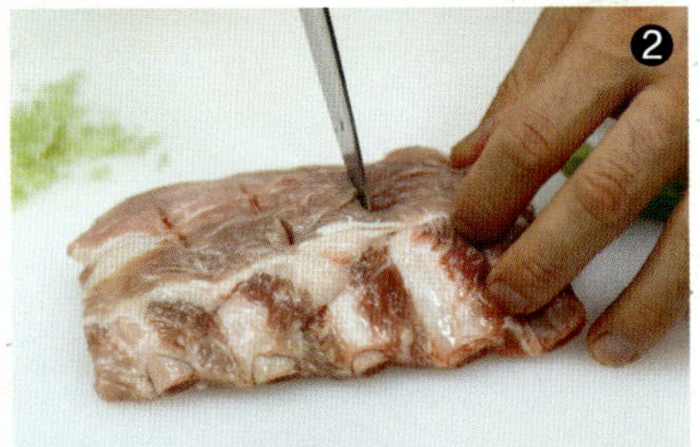

재료 및 분량

등갈비구이

돼지갈비 260g / 생강 5g / 파프리카분 3g
통후추 3알 / 셜롯 5g / 양파 10g
셀러리 10g / 마늘 5g / 올리브유 10mL
토마토페이스트 20g / 적포도주 10mL
토마토주스 40mL / 핫소스 5mL
타바스코 3mL / 타라곤 0.5g
소금, 후추 적당량

콩국수

흰콩 50g / 국수 70g / 오이 20g / 잣 5알
검은깨 0.5g / 소금, 후추 적당량

재료 준비

1. 흰콩은 깨끗이 씻어 일어서, 물에 8시간 정도 불린 후 체에 밭쳐 물기를 뺀다. ❶
2. 갈비살에 결 반대방향으로 칼집을 넣는다. ❷
3. 갈비살에 소금, 후추 등으로 가미한다. ❸
4. 셜롯, 양파, 셀러리, 마늘은 곱게 다져 준비한다.
5. 생강은 강판에 갈아 즙을 만들어 면보에 넣고 짜서 생강액을 만든다.
6. 오이는 소금으로 비벼 깨끗이 씻고, 길이 5cm, 두께 0.3cm 정도로 채썰어 물에 10분 정도 담가 체에 밭친다.

만드는 방법

1. 중불의 팬에 식용유를 두르고 준비한 셜롯, 양파 등을 넣고 볶다 토마토페이스트와 적포도주를 넣고 조려준다. ❹
2. 1에 토마토주스, 핫소스 등을 넣고 가미하여 바비큐소스를 만든다.
3. 중불의 팬에 올리브유를 두르고 양념한 등갈비를 넣어 구워준다. ❺
4. 구운 등갈비에 바비큐소스를 입혀준다. ❻
5. 4를 시트팬에 담고 호일로 포장하여 150℃의 오븐에서 40분간 구워 익힌다.
6. 콩국수면은 끓는물에 3분간 삶아 얼음물에 식힌다.
7. 중불의 팬에 식용유를 두르고 가염한 오이를 볶아준다.
8. 냄비에 불린 콩과 물을 붓고, 센불에 5분 정도 올려 끓인다. 물이 끓으면 5분 정도 더 삶아 체에 밭쳐 물에 비벼 헹구면서 껍질을 벗긴다.
9. 믹서에 삶은 콩과 정제수를 붓고 2분 정도 갈아서 콩국물을 만든다.
10. 그릇에 국수를 담고 콩국물을 부은 후 오이를 얹는다.

Point

1. 소스의 맛은 새콤달콤하며 약간 매콤한 맛이 나야 한다.
2. 등갈비는 오븐에서 구우며 5회 정도 소스를 더 발라준다.
3. 등갈비는 대파 등을 넣고 30분 정도 삶은 후 소스를 발라 굽기도 한다.
4. 오이채는 물에 담갔다가 사용해야 사각사각하다.
5. 볶은 땅콩을 콩과 함께 갈아 사용하면 고소한 향이 증진된다.

55 오징어덮밥과 양송이수프

Steam Rice Topped Spicy Cuttlefish with Mushroom Soup

밥을 고슬고슬하게 하여 위에 양념한 오징어를 볶아 얹어낸 것으로 비벼 먹으면 맛이 일품이다. 비빔밥이 외국인에게 인기 있듯이 오징어덮밥도 선호되는 요리이다. 또한 양송이와 양파 등을 버터에 볶아 만든 양송이 수프는 한국에서 가장 선호되는 수프 중 하나이다. 이 두 요리가 잘 조화된 어울림메뉴이다.

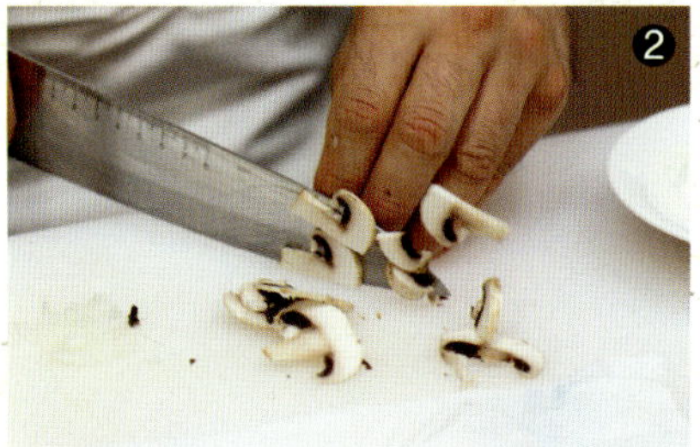

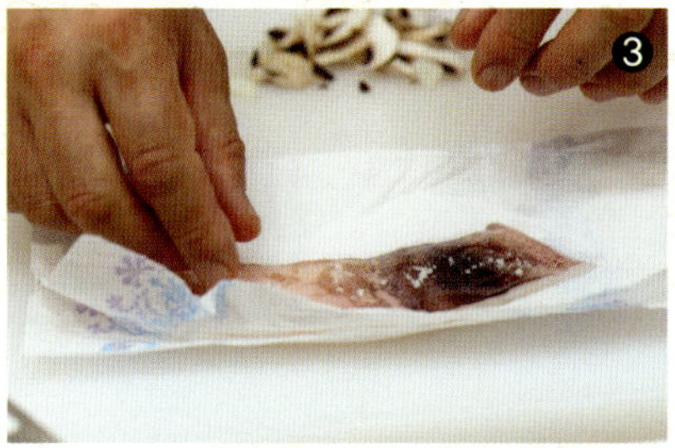

재료 및 분량

오징어덮밥

멥쌀 70g / 오징어 60g / 양파 15g
대파 10g / 마늘 5g / 생강 2g / 고추장 20g
올리고당 5mL / 고춧가루 2g / 간장 5mL
참기름 5mL / 깨소금 1g / 식용유 15mL
소금, 후추 적당량

양송이수프

양송이 30g / 양파 10g / 버터 15g
백포도주 10mL / 밀가루 5g / 우유 20mL
더블크림 15mL / 닭육수 60mL / 파슬리 5g
식빵 0.25쪽 / 올리브유 10mL
소금, 후추 적당량

재료 준비

1. 멥쌀은 깨끗이 씻어 40분간 물에 불려 준비한다.
2. 생강은 강판에 갈아 즙을 만들어 면보에 넣고 짜서 생강액을 만든다.
3. 양파는 1cm 폭으로 채썰고 대파는 어슷하게 채로 썬다. ❶
4. 파, 마늘의 일부는 곱게 다져서 준비한다.
5. 분량의 다진 파, 마늘, 생강액, 깨소금, 고추장, 간장, 참기름 등을 넣고 혼합하여 고추장 양념장을 만든다.
6. 양송이버섯은 깨끗이 손질하여 채썰어 준비한다. ❷
7. 오징어는 다리를 떼어내고 손질하여 소금을 뿌린다. ❸
8. 오징어의 안쪽에 칼집을 고루 넣어 준다. ❹
9. 파슬리는 손질하여 물기를 제거하고 곱게 다져 면보에 싼 채 엽록소를 꼭 짜서 제거하여 준비한다.
10. 식빵은 0.7cm×0.7cm×0.7cm 크기로 잘라 준비한다.

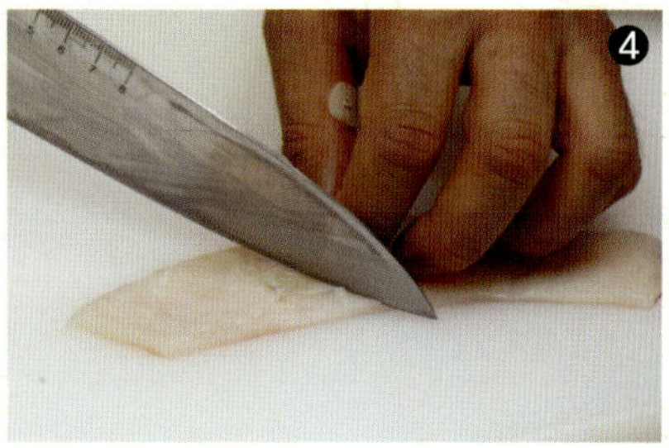

만드는 방법

1. 불린쌀에 적량의 물을 붓고 25분간 가열하여 밥을 짓는다.
2. 중불의 팬에 버터를 녹이고 다진 양파를 볶다가 준비한 양송이버섯을 넣고 볶아준다. ❺
3. 고추장 양념장에 손질한 오징어를 넣고 버무린다. ❻
4. 중불의 팬에 버터를 녹이고 다진 양파를 볶다가 백포도주를 넣고 조린다.
5. 4에 양송이를 넣고 볶다 밀가루를 넣고 볶은 후 육수 등을 넣고 끓인다.
6. 5를 믹서에 곱게 갈고, 끓일 때 가미하여 체에 거른다.
7. 중불의 팬에 식용유를 두르고 양념한 오징어를 볶아준다.
8. 중불의 팬에 올리브유를 두르고 준비한 식빵을 넣고 볶아준다.

Point

1. 밥은 질지 않고 고슬고슬해야 한다.
2. 가미한 오징어는 센불에서 빨리 볶아야 색도 곱고 질기지 않다.
3. 수프는 믹서에 충분히 갈아주어야 윤기나게 만들 수 있다.

56 토마토샐러드와 군만두
Tomato Salad with Toasted Dumpling

잘 익은 토마토의 껍질을 벗기고 내부에 피망, 셜롯 등을 산뜻한 드레싱으로 버무려 채운 샐러드로 색감과 맛이 특별하다. 토마토의 붉은색을 내는 리코펜은 위암을 비롯한 여러 암의 발생 위험을 줄이는 장수식품이다. 여기에 잘 익은 배추 등으로 소를 만들어 빚은 만두를 구워낸 요리를 곁들임으로써 동양과 서양이 잘 조화된 어울림메뉴이다.

재료 및 분량

토마토샐러드

토마토 1개 / 홍피망 10g / 황피망 10g
청피망 10g / 올리브유 15g / 셜롯 50g
라임 1개 / 설탕 3g / 민트 0.5g
생바질 0.5g / 소금, 후추 적당량

군만두

밀가루 50g / 다진쇠고기(우둔) 30g
숙주 30g / 애호박 30g / 표고버섯 5g
배추김치 50g / 두부 20g / 대파 2g
마늘 3g / 참기름 1mL / 깨소금 1g
달걀 1개 / 간장 10mL / 식초 5mL / 실파 1g
식용유 30mL / 소금, 후추 적당량

재료 준비

1. 분량의 밀가루에 소금과 적량의 물을 넣어 반죽하고 면보에 싸서 20분간 휴지한다.
2. 토마토의 윗부분에 1cm 폭으로 칼집을 넣는다. ❶
3. 끓는 소금물에 토마토를 넣고 3초간 데쳐 준다. ❷
4. 데쳐 준 토마토를 얼음물에 식힌 후 칼집 낸 부분부터 껍질을 벗긴다. ❸
5. 휴지한 밀반죽을 밀어 1mm 두께로 얇게 성형한다. ❹
6. 셜롯, 홍피망, 황피망, 청피망은 각 변 0.5cm 크기로 사각썰기 한다.
7. 파, 마늘은 곱게 다져서 준비한다.
8. 숙주는 데쳐서 물기를 꼭 짜고 잘게 썰어 소금, 참기름으로 가미한다.
9. 애호박, 표고는 잘게 다져 소금과 간장양념으로 가미한다.
10. 민트, 생바질은 잘게 썰어 준비한다.
11. 두부는 으깨어 물기를 꼭 짜서 준비한다.
12. 배추김치는 물기를 꼭 짜고 잘게 다져 준비한다.

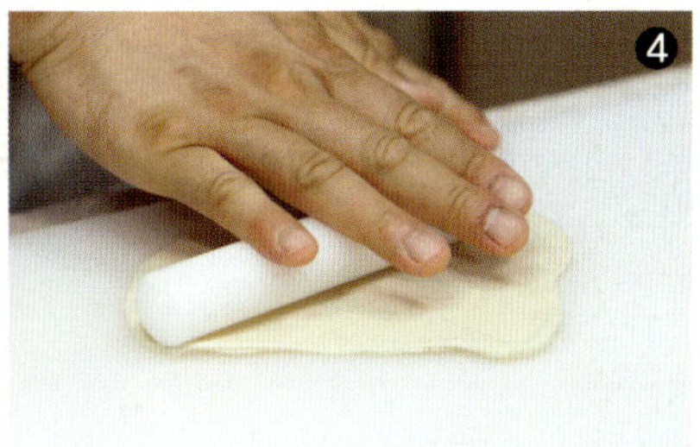

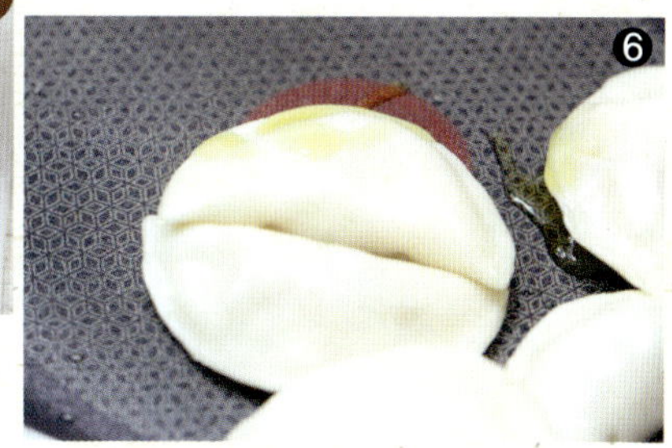

만드는 방법

1. 분량의 다진 파, 마늘, 깨소금, 간장, 참기름 등을 섞어 간장양념장을 만든다.
2. 다진 쇠고기와 두부, 간장양념장 등을 합하여 반죽을 만든다.
3. 만두피의 중앙에 소를 넣고 둥글게 만두를 빚는다. ❺
4. 가열한 찜통에 빚은 만두를 넣고 5분간 쪄낸다.
5. 중불의 팬에 식용유를 두르고 쪄낸 만두를 넣고 구워 준다. ❻
6. 토마토의 꼭지 부분을 절단하고 내용물을 제거한다.
7. 올리브유, 라임주스, 다진 허브 등을 혼합하여 드레싱을 만든다.
8. 사각썰기한 피망 등을 드레싱에 버무린다.
9. 버무린 피망 등을 토마토의 내부에 넣어 만든다.
10. 간장, 식초, 정제수 등을 섞어 초간장을 만든다.

Point

1. 만두소에 들어가는 배추김치는 잘 익은 것을 사용한다.
2. 달걀은 분리하고 풀어 흰자만 최소한으로 사용한다.
3. 토마토는 잘 익은 것으로 선별하여 사용한다.

57 녹두빈대떡과 부야베스
Pan Fried Mung Beans with Bouillabaisse

녹두가루에 다진 돼지고기, 여러 야채 등의 재료를 고루 섞고 반죽하여 기름을 넉넉히 두른 팬에 부치는 부침개로, 밀가루를 사용하여 만든 것에 비하여 한결 고급스럽다. 거피녹두를 물에 불린 후 갈아 만들기도 한다.
여기에 프랑스의 대표음식인 부야베스를 곁들였다. 샤프란의 향과 색감이 그윽한 수프로 한결 조화로움이 돋보이며 동양과 서양이 잘 조화된 어울림메뉴이다.

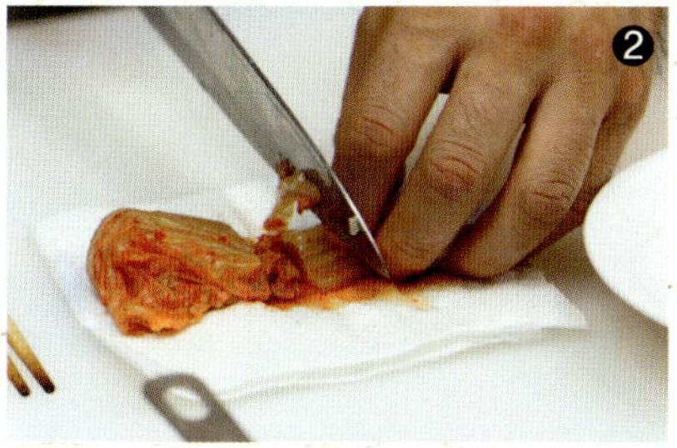

재료 및 분량

녹두빈대떡

녹두가루 40g / 다진돼지고기 20g
생강 3g / 배추김치 40g / 고사리 20g
숙주 30g / 청고추 5g / 홍고추 5g
실파 7g / 마늘 5g / 참기름 3mL / 달걀 1개
식용유 50mL / 소금, 후추 적당량

부야베스

중합 50g / 중하 2마리 / 홍합 5개
오징어 30g / 레몬 0.25개 / 양파 10g
당근 10g / 셀러리 10g / 홍피망 10g
마늘 5g / 올리브오일 10mL / 백포도주 10mL
샤프란 0.3g / 통후추 1알 / 월계수잎 1장
차이브 0.5g / 처빌 0.5g / 소금, 후추 적당량

재료 준비

1. 홍고추, 청고추는 반분하여 씨를 제거하고 2cm 폭으로 채 썬다. ❶
2. 배추김치는 물기를 꼭 짜고 잘게 다져 준비한다. ❷
3. 파, 마늘은 곱게 다져서 준비한다.
4. 다진 돼지고기는 다진 파, 마늘 등을 섞어 가미한다.
5. 생강은 강판에 갈아 즙을 만들어 면보에 넣고 짜서 생강액을 만든다.
6. 고사리와 숙주는 데쳐서 물기를 꼭 짜서 소금, 참기름으로 가미한다.
7. 달걀은 풀어서 준비한다.
8. 양파, 당근, 셀러리, 홍피망 등은 3cm 폭으로 채썰어 준비한다.
9. 중합, 중하 등의 해산물은 손질하여 물기를 제거하고 레몬주스 등으로 가미한다.

만드는 방법

1. 녹두가루와 손질한 여러 재료를 고루 섞는다. ❸
2. 여러 재료를 혼합한 녹두가루에 적량의 물을 넣고 섞어 준다. ❹
3. 중불의 팬에 식용유를 두르고 균등한 양의 반죽을 원형으로 성형한다. ❺
4. 성형한 녹두반죽 위에 홍고추와 청고추로 장식하고 부쳐준다. ❻
5. 중불의 팬에 올리브유를 두르고 채썬 양파, 홍피망 등을 볶은 뒤, 준비한 해산물을 넣고 볶는다.
6. 볶은 해산물에 백포도주를 넣고 조린 후 샤프란과 정제수(육수)를 넣고 1분간 끓이며 가미하여 만든다.
7. 간장, 식초, 정제수 등을 섞어 초간장을 만든다.

Point

1. 월계수잎과 통후추는 면보에 싸서 넣고 끓인 후 건져낸다.
2. 해산물을 과하게 익히지 않도록 주의하여 알맞은 질감을 유지시킨다.
3. 녹두가루에 멥쌀이나 찹쌀가루를 섞어 사용하기도 한다.

58 불고기와 토마토스파게티
Barbequed Beef with Tomato Spaghetti

쇠고기를 얇게 저며 배와 여러 양념을 더하여 버무린 후 중불에서 구워먹는 한국의 대표적인 쇠고기요리로 서양인들로부터 많은 사랑을 받고 있는 메뉴이다. 더불어 서양인이 선호하는 토마토스파게티를 곁들여 조화성을 높이고자 하였다. 산성인 쇠고기와 알칼리성인 토마토가 잘 융합된 독특한 어울림메뉴이다.

재료 및 분량

불고기

쇠고기(등심) 40g / 배 0.1개 / 파 10g
마늘 3g / 간장 10mL / 설탕 2g / 꿀 2g
참기름 5mL / 참깨 1g / 소금, 후추 적당량

토마토스파게티

스파게티면 80g / 토마토 1개 / 양파 10g
마늘 3g / 올리브유 20mL
토마토페이스트 20g / 백포도주 10mL
토마토주스 50mL / 월계수잎 1장
생바질 0.5g / 파마산치즈 10g
소금, 후추 적당량

재료 준비

1. 토마토는 끓는물에 1초간 데쳐 얼음물에 식힌 후 껍질을 벗기고 각 변 0.5cm×0.5cm 크기로 사각썰기 한다. ❶
2. 스파게티면은 끓는물에 11분 정도 삶아 올리브오일을 발라 바람에 건조시킨다. ❷
3. 양파, 파, 마늘은 곱게 다져서 준비한다.
4. 배는 강판에 갈아 준비한다.
5. 분량의 다진 파, 마늘, 깨소금, 설탕, 간장, 참기름 등을 섞어 불고기양념장을 만든다. ❸
6. 양념장에 쇠고기를 넣고 고루 섞어 버무린다. ❹
7. 생바질은 씻어 곱게 채썰어 준비한다.

만드는 방법

1. 중불의 팬에 올리브유를 두르고 양파와 마늘을 볶는다.
2. 1에 토마토페이스트를 넣고 볶다가 백포도주를 넣고 조리며 볶아준다.
3. 2에 잘게 다진 토마토, 토마토쥬스, 허브 등을 넣고 중불에서 은근히 끓여준다.
4. 3을 30분간 끓인 후 소금, 후추로 가미하여 굵은 체에 거른다.
5. 양념한 불고기를 중불에서 2분간 볶아 주며 가미하여 완성한다. ❺
6. 중불의 팬에 올리브유를 두르고 준비한 스파게티면을 볶아준다. ❻
7. 6에 토마토소스를 넣고 고루 섞으며 볶아 만든다.

Point

1. 면은 제공하기 직전에 볶아내야 한다.
2. 소스의 농도는 약간 묽어야 하며, 색상은 연한 붉은색이어야 한다.
3. 불고기는 팬에 적량을 넣고 신속하게 볶아내야 한다.
4. 파마산치즈는 뿌리거나 기호에 따라 별도로 제공한다.

59 김치국수와 과일그라탱

Kimchi Noodles with Fruit Gratin

잘 익은 포기김치, 쇠고기, 여러 야채 등을 어울러 끓인 육수에 국수를 넣어 만든 것으로 얼큰함과 여러 해물의 독특한 맛이 어우러져 별미로 애용되고 있는 면요리이다. 여기에 여러 가지 과일과 크림소스, 치즈 등의 재료를 넣어 그라탱으로 만든 과일요리를 곁들이면 동서양의 특징적인 맛이 잘 조화되는 어울림메뉴로 융합된다.

재료 및 분량

김치국수

우동면 70g / 쇠고기(등심) 20g
배추김치 40g / 대파 10g / 양파 10g
호박 10g / 마늘 5g / 생강 2g
식용유 10mL / 고추장 10g / 고춧가루 2g
간장 5mL / 중하 3마리 / 오징어 20g
중합 3개 / 소금, 후추 적당량

과일그라탱

사과 0.5개 / 오렌지 0.5개 / 체리 2개
메론 0.1개 / 버터 10g / 셜롯 5g
백포도주 20mL / 더블크림 50mL
모짜렐라치즈 30g / 소금 적당량

재료 준비

1. 사과, 오렌지 등의 과일은 1cm×1cm×1cm 크기의 정육면체로 썰어준다.❶
2. 여러 가지 해산물을 소금으로 깨끗하게 씻어 물기를 제거한다.
3. 오징어는 껍질을 벗긴 후 칼집내어 가로세로 1cm, 길이 6cm로 썬다.
4. 마늘은 곱게 다져서 준비한다.
5. 대파, 양파, 호박은 5cm 폭으로 채썰어 준비한다.
6. 생강은 강판에 갈아 즙을 만들어 면보에 넣고 짜서 생강액을 만든다.
7. 분량의 다진 파, 마늘, 생강액, 고추장, 간장 등을 넣고 혼합하여 양념장을 만든다.
8. 쇠고기등심은 0.5cm×0.5cm×5cm 크기로 썰어 가미한다.

만드는 방법

1. 냄비에 적량의 물을 붓고 다진 파, 마늘, 쇠고기 등을 넣고 20분간 끓여준다.❷
2. 배추김치는 물기를 꼭 짜고 1.5cm×1.5cm 크기로 썰어 준비한다.❸
3. 끓이고 있는 육수에 김치와 여러 해산물 등을 넣고 3분간 끓여준다.❹
4. 3에 국수를 넣고 2분30초간 끓여준 후 가미하여 김치국수를 만든다.❺
5. 중불의 팬에 버터를 녹이고 다진 셜롯을 볶다가 백포도주를 넣고 조린다.
6. 5에 더블크림을 넣고 조리며 가미하여 소스를 만든다.
7. 그라탱용기에 준비한 여러 과일을 혼합하여 담는다.❻
8. 7에 소스를 치고 치즈를 골고루 뿌린 후 170℃의 오븐에서 3분간 굽는다.

Point

1. 국수를 따로 삶아 육수에 넣어 사용하기도 한다.
2. 조개는 소금물에 4시간 동안 해감시킨 후 사용한다.
3. 해산물은 많이 익으면 질겨지므로 센불에서 살짝 익힌다.
4. 김치는 충분히 익어서 약간 새콤한 맛이 나는 것을 사용한다.

60 들깨수제비와 가자미무니에

Perilla Seed Dumplings with Sole Meuniere

혼합한 밀가루와 들깨가루를 치대어 반죽한 후 멸치육수에 여러 야채를 넣고 끓인 음식으로 들깨의 독특한 맛이 색다른 느낌을 주는 별식이다. 들깨에는 메티오닌 등의 필수 아미노산이 다량 함유되어 있어 뇌와 장기를 건강하게 하는데 도움을 주는 건강식이다. 여기에 서양인들이 즐겨먹는 가지미무니에와 머스타드소스를 함께하면 동양과 서양이 잘 조화를 이룬 어울림메뉴로 융합된다.

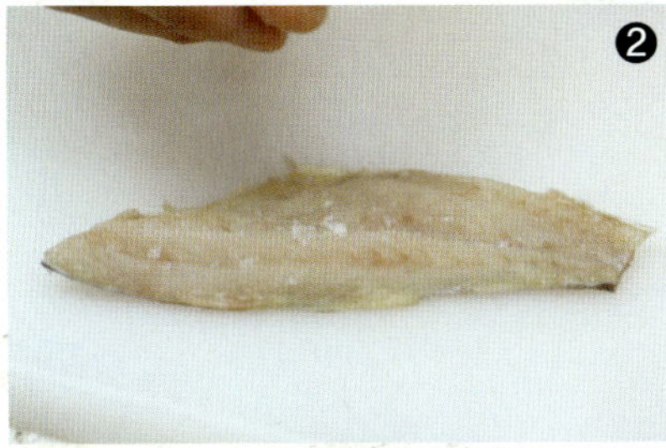

재료 및 분량

들깨수제비

멸치 10g / 대파 10g / 밀가루 50g
들깨가루 10g / 당근 20g / 홍고추 5g
청고추 5g / 달걀 1개 / 식용유 5mL / 잣 3알 소금, 후추 적당량

가자미무니에

가자미 0.5마리 / 레몬 0.25개 / 통후추 2알
파슬리 5g / 밀가루 10g / 올리브유 10mL
버터 10g / 셜롯 5g / 백포도주 10mL
머스타드 10g / 세이지 0.5g
더블크림 20mL / 소금, 후추 적당량

재료 준비

1. 대파, 당근, 홍고추 등은 1cm×0.2cm×5cm 크기로 썰어 준비하고 여분은 성글게 썬다.
2. 달걀은 황백으로 나누어 적량의 소금을 각각 넣고 고루 섞어 체에 거른 후 지단을 부친다.
3. 황백의 지단을 1cm×0.2cm×5cm 크기로 잘라 준비한다.
4. 잣은 고깔을 따고 면보에 닦아 준비한다.
5. 세이지는 가늘게 채썰어 준비한다.
6. 가자미는 3장뜨기 하여 준비한다.
7. 냄비에 성글게 썬 야채와 멸치 등을 넣고 20분간 끓여 육수를 만든다.❶
8. 가자미살은 소금, 후추, 레몬주스 등으로 가미하여 휴지한다.❷

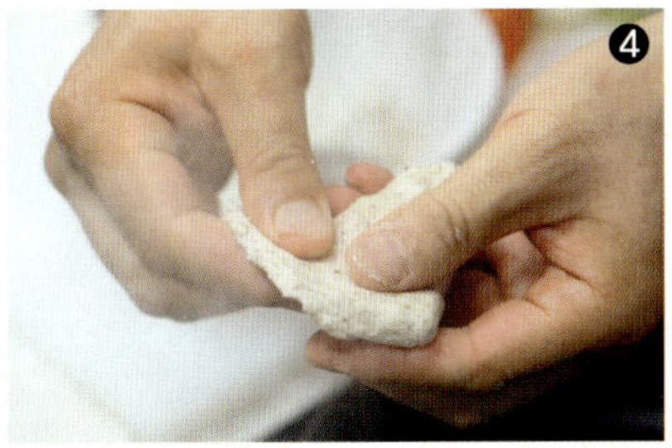

만드는 방법

1. 분량의 밀가루와 들깨가루에 적량의 물을 넣고 반죽한다.❸
2. 들깨반죽을 5분간 충분히 치대어 반죽한 후 3cm 크기로 뜯어 준다.❹
3. 멸치육수에 썰어둔 여러 야채를 넣고 5분간 끓인 후 수제비반죽을 뜯어 넣고 3분간 끓이며 가미하여 만든다.
4. 가자미살에 밀가루를 묻히고 여분은 털어낸다.❺
5. 중불의 팬에 올리브유를 두르고 준비한 가자미를 넣어 구워 준다.❻
6. 중불의 팬에 버터를 녹이고 다진 셜롯을 볶다가 백포도주를 넣고 조린다.
7. 6에 머스타드, 세이지, 더블크림 등을 넣고 가미하여 소스를 만든다.

Point

1. 수제비 반죽은 충분히 치대어 쫄깃하게 만든다.
2. 볶은 들깨를 정제수와 함께 갈아 반죽할 수도 있다.
3. 가자미살을 구울 때 배부분을 먼저 굽고 색깔은 노릇노릇하게 내야 한다.
4. 완성접시에 담을 때 가자미살의 배부분이 위로 향하게 놓아야 한다.

61 비빔밥과 옥수수차우더
Bibimbap with Corn Chowder

고슬고슬하게 지은 밥에 여러 가지 야채와 나물 등을 볶아 올리고 약고추장으로 비벼 먹는 밥요리로, 한국의 특징을 잘 나타내고 있다. 특히 간단히 먹을 수 있어 항공기 기내식으로 외국인에게 호평받고 있는 건강식이다. 더불어 옥수수와 각색피망 등의 야채를 어우러 볶아 만든 옥수수차우더는 서양인들에게 오래전부터 애용되어왔다. 두 음식이 잘 조화되는 어울림메뉴로 융합되었다.

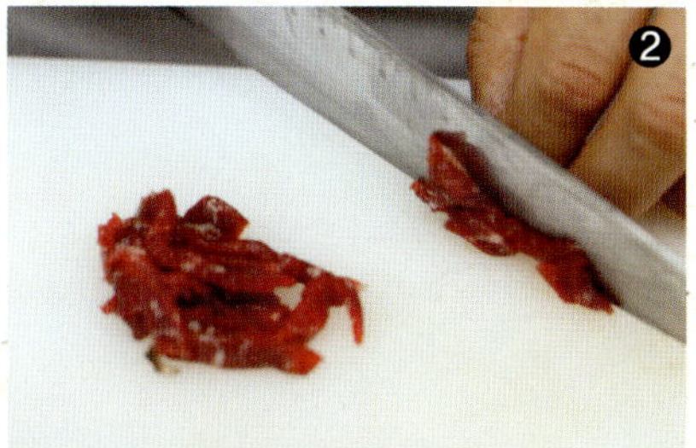

재료 및 분량

비빔밥

멥쌀 90g / 쇠고기(등심) 20g / 대파 7g
마늘 3g / 간장 5mL / 설탕 10g
참기름 5mL / 깨소금 1g / 참깨 1g
당근 10g / 애호박 50g / 달걀 1개
식용유 15mL / 고추장 20g / 실파 7g
마늘 2g / 참기름 5mL / 소금, 후추 적당량

옥수수차우더

양파 10g / 홍피망 10g / 황피망 10g
청피망 10g / 버터 10g / 옥수수 30g
백포도주 10mL / 밀가루 5g / 우유 15mL
더블크림 10mL / 닭육수 60mL
소금, 후추 적당량

재료 준비

1. 멥쌀은 깨끗이 씻어 40분간 물에 불려 준비한다.
2. 파, 마늘은 곱게 다져서 준비한다.
3. 분량의 다진 파, 마늘, 깨소금, 설탕, 간장, 참기름 등을 섞어 간장양념장을 만든다.
4. 당근, 애호박은 0.2cm×0.2cm×5cm 크기로 썰고 가미하여 준비한다. ❶
5. 가미한 당근과 애호박은 식용유를 이용하여 살짝 볶아 식힌다.
6. 달걀은 황백으로 나누어 적량의 소금을 각각 넣고 고루 섞어 체에 거른 후 지단을 부친다.
7. 쇠고기는 0.3cm×0.3cm×6cm 크기로 썰고 가미하여 준비한다. ❷
8. 간장양념장에 쇠고기를 넣고 무쳐준다. ❸
9. 중불의 냄비에 식용유를 두르고 다진 파, 마늘을 볶다 고추장 등을 넣고 볶아 약고추장을 만든다.
10. 양파, 홍피망, 황피망, 청피망은 각 변 0.5cm 크기로 사각 썰기 한다.

만드는 방법

1. 냄비에 불린쌀과 적량의 물을 넣고 25분간 가열하여 밥을 짓는다.
2. 황백의 지단을 각각 곱게 채썰어 준비한다.
3. 양념한 쇠고기는 센불에서 살짝 볶아준다.
4. 중불의 팬에 버터를 녹이고 사각썰기한 양파, 피망 등을 넣고 볶은 후 옥수수를 넣고 볶아준다. ❹
5. 볶은 옥수수에 백포도주를 넣고 졸이다 분량의 밀가루를 넣고 볶아준다.
6. 5에 분량의 우유와 크림 등을 넣고 10분간 끓이며 가미하여 옥수수차우더를 만든다. ❺
7. 밥을 용기에 담고 여러 고명재료를 색스럽게 돌려담고 가운데 약고추장을 올린다. ❻

Point

1. 밥은 물조절에 유의하여 고슬고슬하게 만든다.
2. 쇠고기를 다져서 볶은 후 약고추장에 넣기도 한다.
3. 옥수수차우더에 베이컨 등을 넣고 만들 수도 있다.

62 닭가슴살구이와 장김치

Pan Fried Chicken Breast with Kimchi Pickled in Soy Sauce

닭가슴살을 파슬리 향으로 가미하여 올리브유에 구워 샤프란소스를 곁들인 전통적인 서양식 닭요리로, 담백하고 열량이 높지 않아 건강식으로 애용되고 있다. 샤프란향이 은은한 구이요리로 백포도주와 잘 어울린다. 곁들인 장김치는 배추, 무 등의 재료를 간장에 절여 만든 것으로 매운 맛에 부담을 느끼는 서양인에게 친숙하게 다가갈 수 있는 우리의 전통음식이므로 동양과 서양 요리의 장점이 잘 조화된 어울림메뉴로 융합되었다.

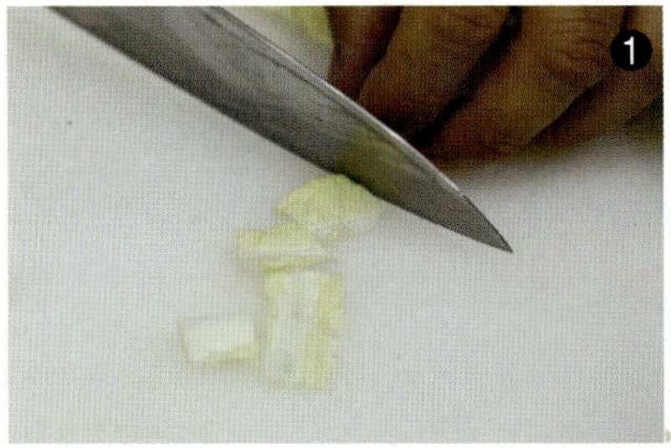

재료 및 분량

닭가슴살구이

닭가슴살 1개 / 통후추 2알 / 월계수잎 2장
파슬리 5g / 밀가루 15g / 올리브유 15mL
당근 10g / 브로콜리 10g / 단호박 20g
느타리버섯 10g / 버터 20g / 설롯 10g
생백리향(타임) 0.5g / 더블크림 15mL
샤프란 0.01g / 소금, 후추 적당량

장김치

배추 50g / 무 40g / 간장 30mL / 밤 1개
배 0.1개 / 미나리 10g / 대파 10g
표고버섯 5g / 목이버섯 1g / 마늘 3g
생강 3g / 설탕 2g / 실고추 0.1g / 잣 5알
정제수 100mL / 소금, 후추 적당량

재료 준비

1. 당근은 0.2cm×2cm×2cm 크기로 썰어 가미한 후 올리브유로 볶아준다.
2. 브로콜리는 데쳐서 버터물로 가미한다.
3. 단호박은 성형하여 올리브유로 볶아 준다.
4. 느타리버섯은 다듬어 가미한 후 올리브유로 볶아준다.
5. 설롯은 곱게 다지고 파슬리는 성글게 썰어 준비한다.
6. 배추, 무, 배, 표고버섯은 0.2cm×1.2cm×1.2cm 크기로 썰어 준비한다.❶
7. 목이버섯은 1.2cm×1.2cm 크기로 썰어 준비한다.❷
8. 미나리는 1.2cm 폭으로 썰어준다.
9. 밤은 2mm 두께로 자르고 마늘은 채썬다.
10. 생강은 강판에 갈아 즙을 만들어 면보에 넣고 짜서 생강액을 만든다.
11. 잣은 고깔을 제거하고 면보로 표면을 깨끗이 닦아 준비한다.
12. 닭가슴살은 껍질을 제거하고 파슬리, 소금, 후추 등으로 가미하여 준비한다.❸
13. 가미한 닭가슴살에 밀가루를 살짝 뿌려준다.❹

만드는 방법

1. 준비한 배추, 무에 분량의 간장을 넣고 30분간 절인다.
2. 준비한 표고와 목이버섯에 분량의 간장을 넣고 10분간 절인다.
3. 야채를 절인 간장물과 분량의 물을 합하여 3분간 끓이며 가미하여 식힌다.
4. 간장물에 절인 배추, 무, 밤 등의 재료를 넣고 고명을 올려 마무리한다.
5. 중불의 팬에 올리브유를 두르고 준비한 닭가슴살을 넣고 구워준다.❺
6. 닭가슴살의 양면을 연갈색으로 구워준 후 등분하여 자른다.❻
7. 중불의 팬에 버터를 녹이고 다진 설롯을 볶다가 더블크림과 샤프란을 넣고 조린 후 가미하여 소스를 만든다.

Point

1. 물은 끓인 후 식혀서 사용하거나 정제수를 이용한다.
2. 목이버섯 대신에 석이버섯 등을 사용할 수 있다.
3. 장김치에 들어가는 재료는 위생적으로 취급하여 손질한다.

63 장국밥과 도미무스
Steam Rice in Beef Soup with Sea Bream Mousse

쇠고기양지를 무와 함께 2시간 정도 끓이고 여기에 배추 등을 삶아 밥 위에 부어낸 음식으로 담백하고 간결한 맛이 일품이다. 바쁜 현대인의 건강식으로 추천할 만하고 구수한 맛이 서양인에게도 거부감이 적다. 더불어 도미살을 곱게 다지고 여러 야채를 혼합하여 성형하여 찐 무스는 식감이 부드럽고 소화가 잘 되는 건강요리이므로 칠리향과 장국밥이 잘 조화되는 어울림메뉴로 융합하였다.

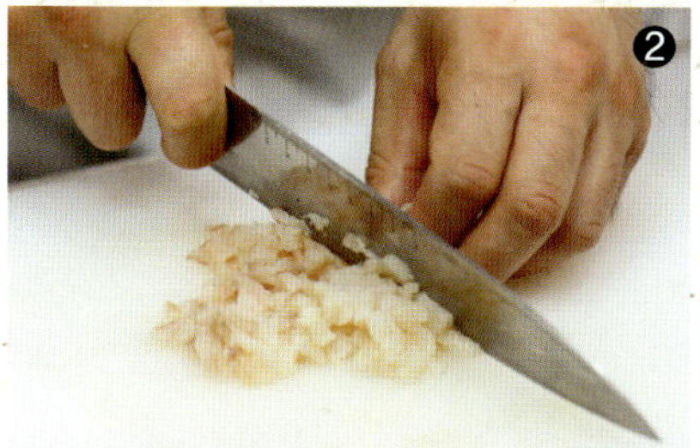

재료 및 분량

장국밥

멥쌀 70g / 쇠고기(사태) 50g / 무 30g
배추 40g / 애호박 20g / 간장 5mL
실파 7g / 마늘 3g / 깨소금 2g
참기름 3mL / 달걀 1개 / 식용유 5mL
소금, 후추 적당량

도미무스

도미살 70g / 레몬 0.25개 / 로즈마리 0.5g 양파 7g / 브로콜리 10g / 백포도주 10mL 더블크림 15mL / 차이브 0.5g / 새싹채소 3g 올리브오일 10mL / 라임 1개 / 설탕 3g
버터 10g / 셜롯 5g / 토마토퓨레 20g
칠리파우더 3g / 소금, 후추 적당량

재료 준비

1. 멥쌀은 깨끗이 씻어 40분간 물에 불려 준비한다.
2. 파, 마늘은 곱게 다져서 준비한다.
3. 분량의 다진 파, 마늘, 깨소금, 간장, 참기름 등을 섞어 간장양념장을 만든다.
4. 달걀은 황백으로 나누어 적량의 소금을 각각 넣고 고루 섞어 체에 거른 후 지단을 부친다.
5. 중불의 냄비에 쇠고기와 무를 넣고 2시간 삶아 무르게 익힌다.
6. 익은 쇠고기와 무는 0.3cm×1.5cm×1.5cm 크기로 썰어 간장양념장으로 가미하여 준비한다.
7. 양파, 브로콜리는 0.5cm×0.5cm×0.5cm 크기로 썰어 소금물에 데친 후 물기를 꼭 짜서 준비한다.
8. 애호박은 폭 5cm으로 돌려깎기하여 가늘게 채썬다.❶
9. 생선살은 곱게 다져서 준비한다.❷
10. 다진 생선살에 레몬, 양파, 브로콜리 등을 혼합하여 섞어준다.❸

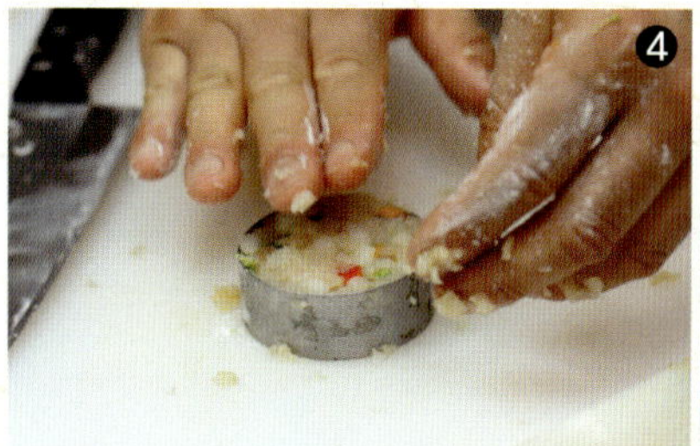

만드는 방법

1. 냄비에 불린쌀과 적량의 물을 넣고 25분간 가열하여 밥을 짓는다.
2. 애호박은 가미하여 센불에서 살짝 볶는다.
3. 황백의 지단을 각각 곱게 채썰어 준비한다.
4. 쇠고기육수에 배추를 넣고 30분간 끓이며 가미하여 완성한다.
5. 직경 7cm의 원형틀에 생선무스 반죽을 3cm 두께로 넣고 눌러 준다.❹
6. 약불의 냄비에 원형틀을 넣고 주변에 생선육수(정제수)를 0.3cm 정도 부어주고 7분간 끓여 익힌다.❺
7. 밥을 용기에 담고 장국물을 부어 쇠고기 등으로 고명하여 마무리한다.❻
8. 중불의 팬에 버터를 녹이고 다진 셜롯을 볶다가 토마토퓨레를 넣고 조린다.
9. 8에 칠리파우더 등을 넣고 가미한 후 체에 걸러 소스를 만든다.
10. 올리브유, 라임주스 등을 혼합하여 드레싱을 만든다.

Point

1. 생선살을 곱게 다져서 체에 내려 사용하기도 한다.
2. 생선살에 야채 등의 재료를 혼합하여 무스를 만들 수 있다.
3. 무스에 사용하는 야채는 잘게 다진 후 데쳐서 물기를 제거하고 이용한다.
4. 무스를 찜통에 넣어 익히기도 한다.
5. 밥은 물조절에 유의하여 고슬고슬하게 만든다.

64 오골계찜과 마카로니샐러드
Silky Fowl Stew in Soy Sauce with Macaroni Salad

오골계에 표고, 밤 등의 재료를 모아 넣고 간장양념장으로 조린 찜요리로, 고추에서 나오는 약간 매운 맛이 오골계의 담백함과 잘 어우러진 건강음식이다. 오골계의 색이 어둡기는 하나 닭고기보다 좋은 보신용으로 애용되고 있다.

여기에 담백하며 라임향이 그윽한 마카로니 샐러드를 곁들임으로써 동양과 서양이 잘 조화되며 한 끼 식사로 손색이 없는 어울림메뉴로 융합하였다.

재료 및 분량

오골계찜

오골계 200g / 닭뼈 60g / 생강 2g
청주 70mL / 양파 30g / 표고버섯 1개
당근 30g / 깐밤 2알 / 대파 20g / 마늘 5g
홍고추 1개 / 식용유 30mL / 간장 20mL
물엿 10mL / 참기름 3mL / 은행 7알 / 잣 5알
실고추 0.1g / 월계수잎 1장
소금, 후추 적당량

마카로니샐러드

마카로니 40g / 양파 10g / 홍피망 5g
황피망 5g / 청피망 5g / 올리브오일 15mL
라임 1개 / 올리고당 1g / 소금, 후추 적당량

재료 준비

1. 중불의 냄비에 물과 적량의 소금을 넣고 끓으면 마카로니를 넣어 11분간 삶은 후 올리브유를 발라 식힌다.
2. 오골계를 분해하여 뼈와 살로 나누고 살은 각 변 2cm 크기로 등분한다.
3. 강은 강판에 갈아 즙을 만들어 면보에 넣고 짜서 생강액을 만든다.
4. 마늘은 곱게 다져서 준비한다.
5. 분량의 다진 파, 마늘, 간장 등을 섞어 간장양념장을 만든다.
6. 등분한 오골계는 생강액, 청주 등으로 가미한다.
7. 홍고추는 반분하여 씨를 제거하고 1cm 간격으로 어슷하게 썬다.
8. 달걀은 황백으로 나누어 적량의 소금을 각각 넣고 고루 섞어 체에 걸른 후 지단을 부친다.
9. 닭뼈(오골계뼈)와 대파, 월계수잎 등의 향신료를 넣고 40분간 끓여 육수를 만든다.❶
10. 양파, 홍피망, 황피망, 청피망은 5cm 폭으로 채썰어 준비한다.❷
11. 은행은 중불의 팬에 기름을 두르고 볶은 후 면보에 문질러 속껍질을 벗긴다.❸
12. 양파, 표고, 당근 등은 1.5cm×1.5cm×1.5cm 크기로 썰어 준비한다.❹

1

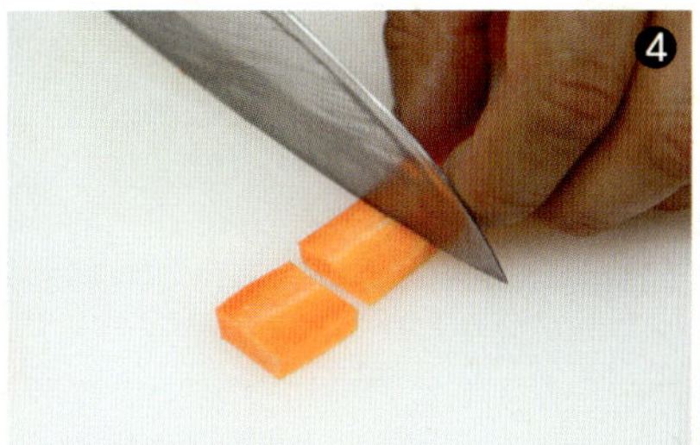

만드는 방법

1. 황백의 지단을 마름모형으로 잘라 준비한다.
2. 중불의 냄비에 식용유를 두르고 준비한 양파, 대파, 당근 등을 넣고 볶아준다.❺
3. 위에 가미한 오골계고기를 넣고 3분간 볶아준다.
4. 위에 간장양념장과 육수를 분할하여 넣으며 5분간 볶아준다.
5. 위에 깐밤과 육수 등을 넣고 30분간 중불에서 끓이며 가미하여 마무리한다.
6. 올리브유, 라임주스 등을 혼합하여 드레싱을 만든다.
7. 삶은 마카로니에 준비한 야채와 드레싱을 넣고 버무려 준다.❻

Point

1. 오골계와 야채가 무르게 익은 후 참기름을 넣어 윤기를 낸다.
2. 오골계찜은 약간 매우며 야채와 오골계의 맛이 잘 어우러져야 한다.
3. 오골계찜에는 떡볶이떡, 고구마, 감자, 등의 재료를 기호에 맞게 넣어 만들 수 있다.
4. 야채를 살짝 볶다가 오골계육을 넣으면 바닥에 눌러붙는 것을 방지할 수 있다.

65 도미면과 누들퍼스

Sea Bream Stew with Noodle Purse

도미살로 전을 부치고 쇠고기완자와 여러 야채들을 어우러 담고 육수를 부어 끓인 것으로 고명의 색스러움과 도미의 형태가 재미있게 어우러진 정성어린 건강요리이다. 수랏상이나 소중한 날에 올려 먹는 이들의 즐거움을 한껏 돋운 요리이다. 여기에 서양인들이 즐겨먹는 감자에 고구마, 향신료 등을 섞어 반죽을 만들고 스파게티면으로 감싸 구운 음식을 곁들임으로 동서양 요리의 특색이 잘 조화된 어울림메뉴로 융합하였다.

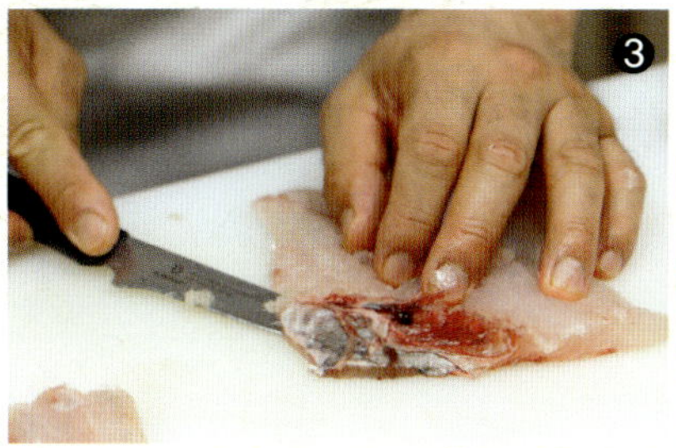

재료 및 분량

도미면

도미 1마리 / 생강 2g / 쇠고기(양지) 50g
무 50g / 대파 10g / 실파 7g / 마늘 5g
다진쇠고기(우둔) 25g / 두부 5g / 당근 30g
표고버섯 10g / 홍고추 2개 / 파 7g
간장 5mL / 깨소금 2g / 참기름 5mL
달걀 3개 / 석이버섯 0.5g / 미나리 50g
밀가루 20g / 식용유 30mL / 은행 10알
잣 10알 / 호두 5g / 소금, 후추 적당량

누들피스

스파게티면 20g / 감자 30g / 고구마 20g
양파 7g / 홍피망 5g / 황피망 5g
청피망 5g / 생백리향(타임) 0.5g
타라곤 0.5g / 밀가루 10g / 식용유 40mL
소금, 후추 적당량

재료 준비

1. 스파게티면은 끓는 물에 11분 정도 삶아 올리브 오일을 발라 바람에 건조시킨다.
2. 감자와 고구마는 씻어 삶아 껍질을 제거한다.
3. 양파와 홍피망, 생백리향(타임) 등은 잘게 다져 소금으로 가미하여 준비한다.
4. 생강은 강판에 갈아 즙을 만들어 면보에 넣고 짜서 생강액을 만든다.
5. 파, 마늘은 곱게 다져서 준비한다.
6. 분량의 다진파, 마늘, 깨소금, 간장, 참기름 등을 섞어 간장양념장을 만든다.
7. 두부는 으깨어 물기를 제거한다.
8. 다진쇠고기와 다진 파 등을 넣고 치대어 1cm크기의 완자를 만든다.
9. 중불의 팬에 성형한 완자를 넣고 돌려가며 익혀준다
10. 쇠고기(양지)는 무, 대파 등과 함께 분량의 물을 붓고 2시간 정도 끓여 육수를 만든다.❶
11. 도미는 3장 뜨기하여 준비한다.❷
12. 도미에 붙은 잔뼈를 제거하고 4cm×4cm 크기로 저며 썰고 생강등으로 가미한다.❸
13. 당근, 표고버섯 등 고명으로 사용할 재료는 0.2cm×1cm×7cm 크기로 일정하게 자른다.
14. 표고버섯은 간장양념으로 가미하여 휴지 한다.
15. 미나리도 0.2cm×1cm×7cm로 만들어 꼬치로 꽂아 고정하고 밀가루와 달걀물을 입혀 부친다.
16. 달걀은 황백으로 나누어 적량의 소금을 각각 넣고 고루 섞어 체에 걸른 후 지단을 부친다.
17. 석이버섯은 곱게 다져서 반분의 달걀흰자에 섞는다.
18. 당근은 소금물에 데쳐서 참기름으로 가미하여 준비한다.
19. 은행은 중불의 팬에 기름을 두르고 볶은 후 면보에 문질러 속껍질을 벗긴다.
20. 호두는 70℃의 물에 10분간 불린 후 속껍질을 제거하여 준비한다.
21. 잣은 고깔을 제거하고 면보로 표면을 깨끗이 닦아 준비한다.

만드는 방법

1. 저민 도미살에 밀가루를 입히고 달걀물을 입힌 후에 중불의 팬에서 생선전을 부친다.
2. 무르게 삶은 양지를 0.3cm 두께로 균등하게 썰어 간장양념한다.
3. 육수를 걸러 청장 등으로 가미하여 준비한다.
4. 중불의 팬에 기름을 두르고 미나리초대를 부쳐준다.
5. 전골냄비의 바닥에 썰은 쇠고기 등을 깔아 준다.
6. 도미를 전골냄비의 중앙에 놓고 도미위에 생선전을 올리고 주변에 여러 가지 고명재료를 돌려 담는다.❹
7. 전골냄비에 가미한 육수를 붓고 제공한다.
8. 삶은 감자와 고구마를 으깬 후 다진 양파 등의 재료를 넣고 구형으로 성형한다.❺
9. 삶은 스파게티면에 밀가루를 바르고 감자반죽을 감싸준다.❻
10. 중불의 팬에 올리브유를 두르고 준비한 감자반죽을 올려 팬후라이 하여 만든다.

Point

1. 미나리를 대체하여 쑥갓을 사용할 수 있다.
2. 감자와 고구마는 쪄서 사용하는 것이 풍미에 좋다.
3. 도미면의 육수는 제공하기 직전에 부어 사용한다.
4. 도미를 찜통에 쪄서 담을 수도 있다.

66 미트롤과 김치초밥

Meat Roll with Kimchi Sushi

우리의 고유한 음식인 김치를 볶아 생선초밥에 넣어 만든 것으로 김치의 맛과 잘 어우러져 독특한 맛을 자아낸다. 김치는 서양음식에 대비되는 한국의 우수한 요리로 세계음식에 적용의 폭이 넓어지고 있다. 여기에 서양인이 즐겨 먹는 쇠고기를 다져만든 미트롤를 곁들임으로 동양과 서양, 바다와 육지가 잘 조화되는 어울림메뉴로 융합되었다.

재료 및 분량

미트롤

다진쇠고기 40g / 양파 10g / 셀러리 5g
마늘 5g / 세이지 0.5g / 빵가루 5g
올리브유 10mL / 소금, 후추 적당량

김치초밥

멥쌀 80g / 다시마 10g / 가쓰오부시 5g
설탕 5g / 식초 20mL / 레몬 1개
연어살 20g / 문어살 20g
갑오징어살 20g / 베이컨 10g / 깻잎 7장
배추김치 50g / 식용유 10mL / 와사비 1g
간장 15mL / 소금, 후추 적당량

재료 준비

1. 멥쌀을 깨끗이 씻어 40분간 물에 불린다.
2. 양파, 셀러리, 마늘, 세이지는 곱게 다져 준비한다.
3. 다진 양파와 쇠고기, 빵가루 등을 혼합하여 반죽을 만든다.
4. 레몬은 6등분하여 준비한다.
5. 적당히 익은 배추김치를 잘게 썰어 물기를 제거하고 기름에 볶아서 식힌다.
6. 냄비에 분량의 물을 붓고 약불에 올려 90℃를 유지하며 분량의 소금과 설탕을 넣고 3분간 녹인다. ❶
7. 가미한 물에 다시마와 가쓰오부시, 레몬 등을 넣고 불을 끄고 3분 후에 거른다.
8. 다진쇠고기에 분량의 다진 양파 등을 넣고 혼합하여 반죽한다. ❷
9. 분량의 와사비분과 물을 섞어서 와사비를 완성한다.

만드는 방법

1. 연어는 손질하여 가미하여 5mm 두께로 썬다.
2. 문어는 10분 정도 삶아 얼음물에 식힌 후 4mm 두께로 썬다.
3. 갑오징어는 손질하여 4mm 두께로 썬다.
4. 베이컨은 살짝 구워 썰어 준비한다.
5. 밥은 물조절에 유의하여 고슬고슬하게 만든다.
6. 따듯한 밥에 촛물을 넣어 고루 섞어 가며 가능한 빨리 식힌다.
7. 깻잎 위에 가미한 김치를 올린다. ❸
8. 김치를 깻잎으로 덮어준다. ❹
9. 깻잎 위에 초밥을 성형하여 올린다. ❺
10. 생선살로 깻잎을 감싸고 성형하여 만든다. ❻
11. 중불의 팬에 올리브유를 두르고 준비한 미트롤를 돌려가며 구워 준다.

Point

1. 깻잎을 끓는 물에 데친 후 설탕, 소금 시럽에 10분간 재운 후 씻어 사용하기도 한다.
2. 다양한 생선을 이용하여 만들 수 있다.
3. 밥에 촛물을 섞은 후 선풍기 등의 바람을 이용하여 식혀야 한다.
4. 초밥용 밥은 질지 않아야 하며 고슬고슬하게 만든다.
5. 김치는 기호에 따라 볶지 않고 만들 수 있다.

67 임자수탕과 구운농어
Cold Soup of Chicken with Baked Sea Bass

닭과 파 ,마늘 등을 함께 끓여 진한 육수를 만들고 여기에 볶은 참깨를 갈아 만든 여름철의 별미로 세계음식과 비교하여 과학적이며 정성이 많이 들어간 건강식이다. 참깨의 향과 닭고기의 담백함이 잘 어우러져 서양인의 입맛에도 호응을 얻는 요리이다. 여기에 서양인이 좋아하는 농어구이에 차이브크림소스를 곁들여 동서양 요리의 전통적인 특징이 잘 조화된 어울림메뉴로 융합하였다.

재료 및 분량

임자수탕

닭 140g / 파 7g / 마늘 4g / 생강 2g
참깨 30g / 다진쇠고기(우둔) 25g
두부 5g / 간장 5mL / 깨소금 1g
참기름 2mL / 밀가루 3g / 오이 10g
당근 20g / 홍고추 0.5개 / 표고 5g
녹말가루 5g / 달걀 1개 / 식용유 5mL
소금, 후추 적당량

구운농어

농어 80g / 레몬 0.25개 / 백포도주 5mL
로즈마리 0.5g / 밀가루 5g / 올리브유 20mL
감자 0.25개 / 식용유 20mL / 양파 7g
당근 5g / 셀러리 5g / 청피망 5g
홍피망 5g / 황피망 5g / 버터 15g
셜롯 5g / 백포도주식초 5mL / 차이브0.5g
처빌0.5g / 더블크림10mL / 소금, 후추 적당량

재료 준비

1. 파, 마늘은 곱게 다져서 준비한다.
2. 감자는 2mm 두께로 썰어 냉수에 담가 준비한다.
3. 분량의 다진파, 마늘, 깨소금, 간장, 참기름 등을 섞어 간장양념장을 만든다.
4. 닭은 파, 마늘, 생강 등을 넣고 40분간 삶는다.
5. 오이, 당근, 홍고추, 표고는 0.2cm×1cm×6cm 크기로 잘라 준비한다.
6. 달걀은 황백으로 나누어 적량의 소금을 각각 넣고 고루 섞어 체에 걸른 후 지단을 부친다.
7. 참깨는 물에 씻은 후 물기를 제거하고 중불이 팬에서 10분간 볶아 식힌다.
8. 두부는 으깨어 준비한다.
9. 다진쇠고기, 두부, 간장양념 등을 고루 섞어 완자를 만든다.
10. 농어는 손질하여 뼈와 살로 분리하고 등에 칼집을 넣어 준비한다. ❶
11. 준비한 농어에 소금, 후추, 레몬쥬스 등으로 가미한다. ❷
12. 가미한 농어에 밀가루를 살짝 뿌려 준다. ❸

만드는 방법

1. 준비한 감자를 식용유를 이용하여 튀겨 준비한다.
2. 삶은 닭살은 0.5cm 폭으로 뜯어서 소금과 참기름으로 가미한다.
3. 육수에 분량의 볶은 참깨를 넣고 믹서에서 갈아준 후 체에 거른다.
4. 완자의 표면에 밀가루와 달걀물을 입혀 중불의 팬에서 구워준다.
5. 오이, 당근 등에 녹말가루를 입히고 끓는 물에 넣어 데친 후 찬물에 식힌다.
6. 황백의 지단을 각각 0.2cm×1cm×6cm 크기로 잘라 준비한다.
7. 중불의 팬에 올리브유를 두르고 준비한 농어를 넣고 구워 준다. ❹
8. 중불의 팬에 버터를 녹이고 준비한 양파, 피망 등을 볶아 준다. ❺
9. 구운 농어를 놓고 위에 볶은 야채, 구운 농어 순으로 얹는다. ❻
10. 용기에 가미한 닭살을 소복히 담고 위에 고명야채를 돌려 담아 만든다.
11. 중불의 팬에 버터를 녹이고 다진 셜롯을 볶다가 백포도주식초를 넣고 조린다.
12. 조린 셜롯에 더블크림, 차이브 등을 넣고 가미하여 소스를 만든다.

Point

1. 생선살은 과하게 익히지 않도록 우의하여 알맞은 질감을 유지하여야 한다.
2. 오이는 표면을 소금으로 문질러 씻어 사용한다.
3. 적량의 육수를 생산하여 진한 풍미를 유지 한다.

68 닭온반과 새우튀김

Steam Rice in Chicken Soup with Fried Shrimp

닭고기에 대파, 마늘 등의 향채를 넣고 무르게 삶아 닭고기는 양념하여 고명으로 사용하고 밥에 진한 육수를 부어 먹는 형태의 것으로 국밥보다는 멋스러움이 한결 돋보이는 건강식이다. 담백하고 부드러운 맛으로 외국인에게도 친숙해 질 수 있는 요리이다.
더불어 새우에 생바질을 입히고 라이스페퍼로 말아 튀긴 새우요리는 파프리카소스와 함께 동서양의 요리의 장점이 조화된 어울림메뉴로 융합하였다.

재료 및 분량

닭온반

멥쌀 80g / 닭 150g / 대파 10g
마늘 5g / 생강 3g / 애호박 20g
당근 20g / 표고버섯 5g / 실파 10g
간장 5mL / 깨소금 1g / 참기름 5mL
식용유 15mL / 소금, 후추 적당량

새우튀김

중하 3마리 / 레몬 0.25개 / 생바질 0.5g
라이스페퍼 3장 / 고구마 50g
올리브오일 30mL / 버터 10g / 셜롯 5g
백포도주 10mL / 파프리카분 0.5g
고추장 3g / 더블크림 15mL
소금, 후추 적당량

재료 준비

1. 쌀은 깨끗이 씻어 40분간 물에 불린다.
2. 고구마는 2mm 두께로 썰어 찬물에 담가 준비한다.
3. 파, 마늘은 곱게 다져서 준비한다.
4. 닭은 파, 마늘, 생강 등을 넣고 40분간 삶는다.
5. 분량의 다진파, 마늘, 깨소금, 간장, 참기름 등을 섞어 간장양념장을 만든다.
6. 중하는 껍질과 꼬리를 제거하고 등쪽 두 번째 마디에 꼬치를 넣어 내장을 제거하고 레몬주스 등으로 가미한다.
7. 라이스페퍼는 젖은 면보로 수분을 준다.
8. 애호박, 당근, 표고는 5cm폭으로 채썰어 가미하여 준비한다.❶
9. 삶은 닭고기의 살을 찢어 간장양념으로 가미하여 준비한다.❷
10. 다듬은 중하의 배 부분에 5~6회 정도 칼집을 넣은 후 소금, 후추, 레몬주스로 양념해 준비한다.❸
11. 가미한 중하의 중앙을 생바질로 말아준다.❹
12. 생바질로 말아 준 중하를 라이스페퍼로 말아 준다.❺

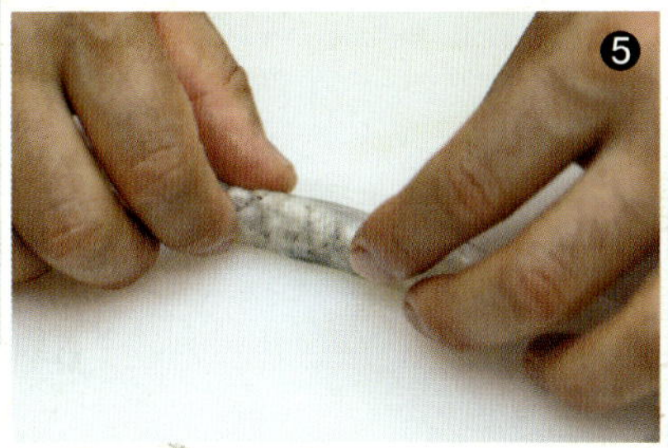

만드는 방법

1. 냄비에 불린쌀과 적량의 물을 넣고 25분간 가열하여 밥을 짓는다.
2. 애호박, 당근 등은 센불에서 살짝 볶아 준다.
3. 중불의 팬에 식용유를 넣고 170℃로 올린 후 준비한 중하를 튀겨준다.❻
4. 중불의 팬에 식용유를 넣고 170℃로 올린 후 준비한 고구마를 튀겨 준다.
5. 튀긴 중하를 면보에 올려 여분의 기름을 제거한 후 접시에 담는다.
6. 중불의 팬에 버터를 녹이고 다진 셜롯을 볶다가 백포도주를 넣고 조린다.
7. 조린 셜롯에 파프리카분과 더블크림 등을 넣고 가미하여 소스를 만든다.
8. 용기에 밥을 담고 준비한 야채와 닭고기로 고명하고 육수를 부어 닭온반을 만든다.

Point

1. 밥은 물조절에 유의하여 고슬고슬하게 만든다.
2. 중하의 배쪽에 칼집을 넣을 때 잘라지지 않도록 1/3 깊이까지 주의하여 넣는다.
3. 튀김옷을 말아 하나씩 넣어야 서로 붙지 않는다.

69 어선과 시금치수프
Rolled Fish Fillet with Spinach Soup

흰살생선살을 얇게 포떠서 넓게 펼치고 쇠고기, 표고 등의 재료를 배열하고 동글게 말아 찐 음식으로 서양요리 중 생선무스와 유사하다고 할 수 있다. 내용물에 오방색의 재료를 넣어 건강에 이로운 웰빙요리이다. 더불어 시금치와 크림, 닭육수 등을 넣고 끓인 시금치 수프는 어선과 잘 어울리는 맛이다. 시금치에는 루테인성분이 함유되어 있어 피로를 예방하여 더욱 돋보인다. 동서양 요리가 잘 조화되는 어울림메뉴이다.

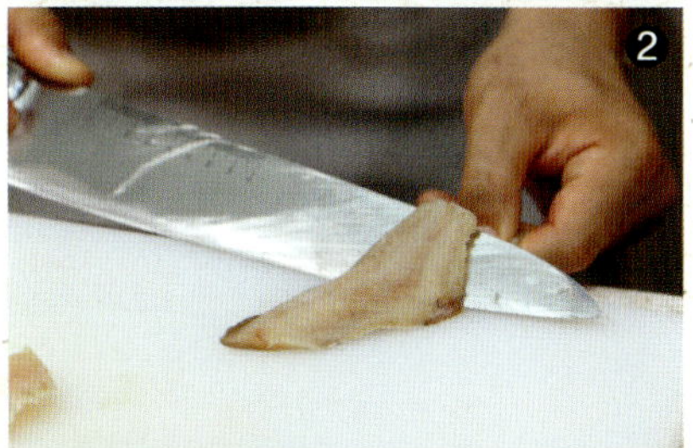

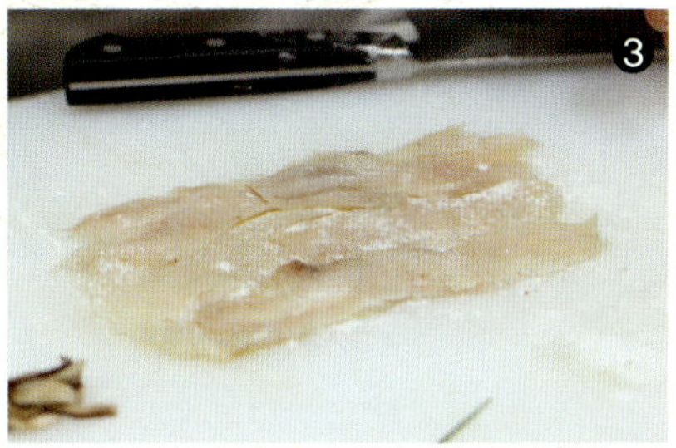

재료 및 분량

어선

가자미 1마리(140g) / 오이 20g / 당근 10g
쇠고기(우둔) 20g / 표고버섯 5g / 파 10g
마늘 5g / 간장 5mL / 깨소금 1g
참기름 5mL / 달걀 1개 / 식용유 15mL
녹말가루 10g / 발효겨자 3g / 꿀 2g
설탕 1g / 식초 3mL / 소금, 후추 적당량

시금치수프

양파 10g / 버터 20g / 백포도주 10mL
밀가루 5g / 시금치 50g / 더블크림 5mL
닭육수 100mL / 소금, 후추 적당량

재료 준비

1. 파, 마늘, 양파는 곱게 다져서 준비한다.
2. 분량의 다진파, 마늘, 깨소금, 간장, 참기름 등을 섞어 간장양념장을 만든다.
3. 달걀은 황백으로 나누어 적량의 소금을 각각 넣고 고루 섞어 체에 걸른 후 지단을 부친다.
4. 시금치는 흐르는 물에 씻어 물기를 제거한다.
5. 오이는 소금물로 표면을 문질러 닦아 5cm 폭으로 돌려깍기하여 가늘게 채 썬다
6. 쇠고기는 5cm 폭으로 가늘게 채 썰어 간장양념한다.
7. 당근, 표고는 5cm 폭으로 가늘게 채 썰어 소금과 간장양념한다.
8. 중불의 팬에 식용유를 두르고 양념한 표고를 넣고 볶아 준다. ❶
9. 가자미는 3장 뜨기하고 껍질을 벗긴다. ❷
10. 얇게 포뜬 생선살을 소금, 후추, 레몬쥬스로 가미한다. ❸

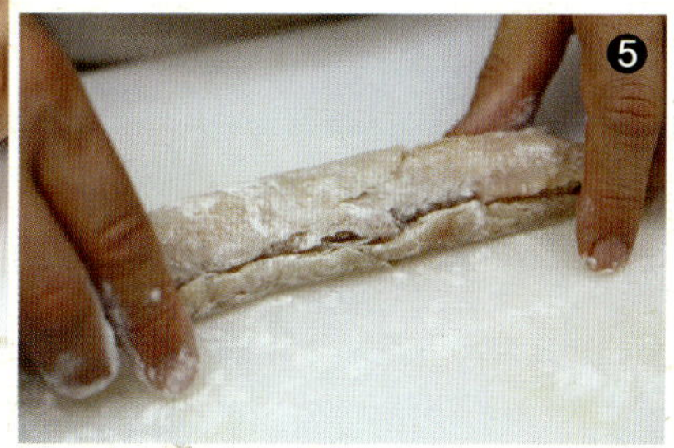

만드는 방법

1. 중불의 팬에 식용유를 두르고 오이와 당근을 살짝 볶아 준다.
2. 황백의 지단을 각각 곱게 채썰어 준비한다.
3. 도마위에 소창지를 깔고 위에 포뜬 생선살을 서로 5mm씩 겹쳐가며 직사각형으로 놓고 여러 속재료를 배열한다. ❹
4. 어선을 동그랗게 말아 녹말가루를 뿌리고 면보에 싼 후 찜통에서 3분간 쪄서 익힌다. ❺
5. 쪄낸 어선을 상온에서 10분간 휴지 후 1.5cm 간격으로 자른다. ❻
6. 중불의 팬에 버터를 녹이고 다진 양파를 볶다가 백포도주를 넣고 조린다.
7. 졸인 양파에 밀가루를 넣고 볶아 준 후 시금치, 더블크림, 닭육수를 넣고 3분간 끓여 준다.
8. 7을 믹서에 갈고 냄비에 옮긴 후 끓이며 가미하여 체에 걸러 수프를 만든다.
9. 중불의 팬에 설탕과 꿀을 녹인 후 발효겨자 등을 넣고 가열하여 소스를 만든다.

Point

1. 생선살은 얇게 포를 떠서 정렬 후 두께가 일정하도록 칼등으로 두드린다.
2. 어선은 식은 후 썰어야 한다.
3. 어선은 많이 익으면 부서지므로 찜통에서 3분간 쪄서 익힌다.
4. 수프의 고유한 색상을 고려하여 크림은 적절히 사용한다.

70 떡국과 마늘도미구이
Rice Cake Soup with Garlic Baked Sea Bream

쇠고기양지를 대파 등과 함께 무르게 끓여 육수를 만들고 여기에 떡국떡을 넣어 끓인 것으로, 쇠고기고명과 함께 먹으면 일품의 맛을 느낄 수 있으며 만두를 넣어 함께 끓이기도 한다.

더불어 도미살의 안쪽에 데친 마늘편을 골고루 붙여 구운 도미요리는 품격있는 생선구이로서 애용되고 있다. 마늘의 알리신성분은 혈액을 맑게하고 노화를 더디게 하여 더욱 조화가 잘 되는 동서양의 어울림메뉴로 융합하였다.

재료 및 분량

떡국

흰떡 120g / 쇠고기(사태) 50g / 대파 10g
마늘 5g / 간장 5mL / 깨소금 1g / 실파 2g
달걀 1개 / 식용유 5mL / 실고추 0.1g
잣 7알 / 소금, 후추 적당량

마늘도미구이

도미살 90g / 레몬 0.25개 / 백포도주 5mL
로즈마리 0.5g / 밀가루 10g / 마늘 25g
올리브유 20mL / 체리토마토 1개
버터 10g / 셜롯 15g / 발사믹식초 35mL
설탕 3g / 생바질 0.5g / 소금, 후추 적당량

재료 준비

1. 쇠고기(양지)는 대파 등과 함께 분량의 물을 붓고 2시간 정도 끓여 육수를 만든다.
2. 떡국 떡은 찬물에 담가 10분간 불린다.
3. 파, 마늘은 곱게 다져서 준비한다.
4. 분량의 다진파, 마늘, 깨소금, 간장, 참기름 등을 섞어 간장양념장을 만든다.
5. 달걀은 황백으로 나누어 적량의 소금을 각각 넣고 고루 섞어 체에 걸른 후 지단을 부친다.
6. 잣은 고깔을 제거하고 면보로 표면을 깨끗이 닦아 준비한다.
7. 마늘은 1mm두께의 편으로 썰어 준비한다. ❶
8. 끓는 소금물에 준비한 마늘을 넣고 10초간 데쳐 식힌다. ❷
9. 도미는 3장 뜨기하여 준비한다.
10. 도미살은 소금, 후추, 레몬으로 양념한다. ❸
11. 도미살의 안쪽에 밀가루를 살짝 뿌리고 마늘편을 순서대로 붙인다. ❹

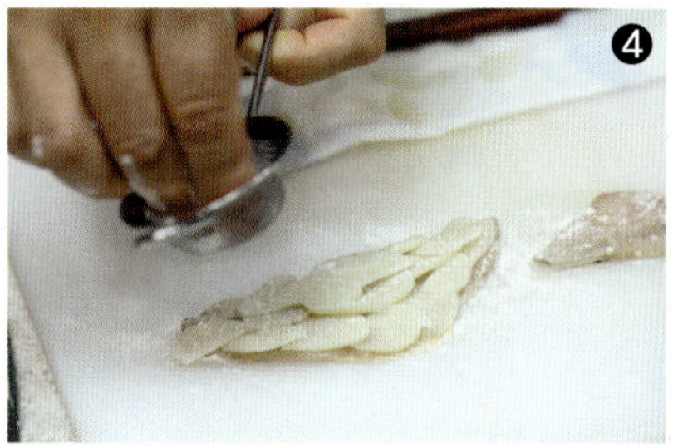

만드는 방법

1. 육수를 만든 쇠고기양지는 0.5cm 폭으로 찢어 간장양념으로 가미한다.
2. 육수를 끓이다 준비한 흰떡을 넣고 3분간 끓이며 가미한다.
3. 황백의 지단을 각각 곱게 채썰어 준비한다.
4. 방울토마토는 끓는 물에 1초간 데쳐 얼음물에 식힌 후 껍질을 벗긴다.
5. 중불의 팬에 올리브유를 두르고 준비한 마늘도미를 넣고 구워 준다. ❺
6. 용기에 흰떡을 담고 육수를 붓고 고명하여 만든다. ❻
7. 중불의 팬에 버터를 녹이고 다진 셜롯을 볶다가 발사믹식초 등을 넣고 조린다.
8. 7에 생바질 등을 넣고 가미하여 소스를 만든다.

Point

1. 양지머리를 넣고 처음 끓인 물은 버린다.
2. 육수에 뜨는 거품, 기름은 계속 걷어내며 끓인다.
3. 마늘편은 얇게 썰어 데친 후 식히면 잘 붙는다.
4. 도미의 마늘 붙인 면을 먼저 익힌다.

71 물냉면과 비프롤
Chilled Buckwheat Noodle Soup with Beef Roll

삶은 냉면국수에 양념한 쇠고기편육과 여러고명을 얹어 만든 여름철의 별식으로 푹 끓인 찬육수를 더하여 더위를 이기는데 적합한 면요리이다. 더하여 쇠고기 안심에 여러야채를 넣고 원형으로 말아 구운 비프롤은 구운안심과 아스파라거스 등의 야채가 어우러진 맛이 일품이다. 포트와인향이 돋보이는 한국요리와 서양요리가 잘 조화된 어울림메뉴로 융합되었다.

재료 및 분량

물냉면

냉면국수 80g / 쇠고기(양지) 50g
대파 10g / 마늘 5g / 간장 5mL / 깨소금 2g
참기름 2g / 실파 2g / 오이 20g / 무 15g
배 0.1개 / 설탕 5g / 식초 10mL / 달걀 1개
실고추 0.1g / 소금, 후추 적당량

비프롤

쇠고기(안심) 90g / 통후추 2알
생백리향(타임) 0.5g / 아스파라거스 1개
양파 20g 당근 20g / 셀러리 15g
느타리버섯 15g / 밀가루 10g
올리브유 20g / 버터 10g / 설롯 10g
포트와인 30mL / 간장 3mL
소금, 후추 적당량

재료 준비

1. 쇠고기(양지)는 대파 등과 함께 분량의 물을 붓고 2시간 정도 끓여 육수를 만든다.
2. 냉면국수는 끓는 물에 2분간 삶아 찬물에 헹구어 식힌다.
3. 쇠고기는 2mm 두께로 얇게 포를 뜨고 결의 반대방향으로 칼집을 넣어 준다.❶
4. 칼집 넣은 쇠고기에 소금, 통후추 등으로 가미한다.❷
5. 아스파라거스, 느타리버섯은 다듬어 끓는 소금물에 데친 후 소금 등으로 가미하여 준비한다.
6. 양파, 당근, 셀러리는 5cm 폭으로 채썰어 소금 등으로 가미하여 살짝 볶아 준비한다.
7. 달걀은 끓는 소금물에 넣고 11분간 완숙으로 얼음물에 식힌 후 껍질을 벗긴다.
8. 파, 마늘은 곱게 다져서 준비한다.
9. 분량의 다진파, 마늘, 깨소금, 간장, 참기름 등을 섞어 간장양념장을 만든다.
10. 오이는 소금물로 표면을 문질러 닦아 5cm 폭으로 돌려깍기하여 가늘게 채 썰어 소금으로 가미한다.
11. 무는 5cm 폭으로 가늘게 채 썰어 소금, 설탕으로 가미한다.

만드는 방법

1. 가미한 쇠고기위에 당근 등의 속재료를 배열한다.❸
2. 속재료를 배열한 쇠고기를 원형으로 말아준 후 표면에 밀가루를 살짝 뿌린다.❹
3. 중불의 팬에 올리브유를 두르고 준비한 쇠고기롤을 구워 준다.❺
4. 구운쇠고기롤을 보기 좋게 등분한다.❻
5. 육수는 가미한 후 고기는 건지고 차게 식히며 발생하는 기름은 걷어낸다.
6. 육수를 만든 쇠고기양지는 0.5cm 폭으로 찢어 간장양념으로 가미한다.
7. 용기에 삶은 면을 담고 위에 고명을 한 후 차가운 육수를 부어 마무리한다.
8. 중불의 팬에 버터를 녹이고 다진 설롯을 볶다가 포트와인을 넣고 조린다.
9. 8에 간장 등을 넣고 가미하여 소스를 만든다.

Point

1. 물냉면의 면은 제공하기 직전에 삶아 사용한다.
2. 양지머리를 찬물에 넣고 30분간 핏물을 뺀 후 육수를 만든다.
3. 쇠고기는 중간(medium)정도 익힌다.

72 전복죽과 라비올리
Abalone Porridge with Ravioli

전복을 얇게 저며서 불린 쌀과 함께 참기름에 볶아 끓인 후 청장으로 가미한 것으로, 아침식사로 일품이다. 전복은 귀한 식재로 여겨져 왔으며 구이나 회로도 이용한다. 더불어 서양의 만두라고 할 수 있는 라비올리는 리코타치즈와 백리향의 향이 어우러져 맛이 독특하며 동서양요리가 잘 조화된 어울림메뉴로 융합되었다.

재료 및 분량

전복죽

멥쌀 50g / 전복 70g / 참기름 5mL
간장2mL / 소금, 후추 적당량

라비올리

밀가루 30g / 시금치 10g / 달걀 1개
양파 10g / 양송이 15g / 애호박 10g
셀러리 10g / 마늘 3g / 세이지 0.5g
리코타치즈 10g / 버터 25g / 셜롯 10g
백포도주 10g / 생백리향(타임) 0.5g
더블크림 20mL / 소금, 후추 적당량

재료 준비

1. 쌀은 깨끗이 씻어 40분간 물에 불려 준비한다.
2. 전복살은 1cm 폭으로 채썰어 준비한다.
3. 시금치는 흐르는 물에 씻어 달걀과 함께 믹서에 곱게 간다.
4. 분량의 밀가루를 체에 내린 후 시금치주스, 소금 등을 넣고 반죽한 후 두께 0.5mm 정도로 얇게 밀대로 민다.
5. 얇게 밀은 반죽을 직경 6cm의 원형틀로 찍어 분리한다. ❶
6. 양파와 양송이, 애호박, 셀러리, 마늘, 세이지는 곱게 다져서 준비한다.
7. 중불의 팬에 버터를 녹이고 다진 양파 등을 5초간 볶아 준 후 식힌다.
8. 볶은 야채에 리코타치즈 등을 넣고 혼합하여 준다. ❷
9. 준비한 소를 구형으로 성형한다.

만드는 방법

1. 원형의 반죽 위에 구형의 소를 배열한다. ❸
2. 원형의 도우를 반으로 접고 압착하여 라비올리를 빚는다. ❹
3. 라비올리의 반원 주위를 포크의 끝으로 돌려가며 압착한다. ❺
4. 중불의 팬에 참기름을 두르고 불린 쌀을 볶다가 전복을 넣고 볶는다.
5. 볶은 쌀에 분량의 물을 붓고 20분간 약불에서 끓인 후 간장 등으로 가미하여 죽을 만든다.
6. 끓는 물에 소금과 올리브오일을 첨가한 후 라비올리를 넣고 3분간 삶아 건져 올리브유를 바른다. ❻
7. 중불의 팬에 버터를 녹이고 다진 셜롯을 볶다가 백포도주를 넣고 조린다.
8. 7에 시금치주스, 더블크림 등을 넣고 가미하여 소스를 만든다.

Point

1. 라비올리도우의 끝선에 물이나 달걀노른자를 발라 접착한다.
2. 불린 쌀은 성글게 부수어 죽을 만든다.
3. 라비올리의 속 재료는 다양하게 이용할 수 있다.

Part Ⅱ

창업 성공을 위한 전략

Chapter 01 외식창업 기초이론

1. 창업의 의미

(1) 창업이란 일정한 능력을 가진 적극적 성격의 소유자가 새로운 사업 기회를만들거나 추구해 나가는 과정으로, 창업에 따른 사회적 역할과 이익을 개인, 집단, 조직, 사회에 배분하는 것을 포함한다.

(2) 창업은 철저한 사전계획에 의해 새로운 방법을 도출하고, 조직을 이루고 합리적인 경영방법을 연구하며 환경을 새롭게 건설하는 인간의 적극적인 이익추구 활동이라고 할 수 있다.

(3) 창업은 불확실한 미래에 대한 확률예측이라고 할 수 있다. 이를 현실적으로 이루기 위한 능동적인 가상의 이익추구 행위로, 각 분야의 재능있는 인재의 영입과 이들을 활용하는 정도가 성패를 가르는 주요 요소가 된다.

(4) 창업은 관련된 현재의 여러 요소를 고려함과 동시에 미래에 다가올 여러 환경을 미리 예측하고 가능성있는 요소들을 적절히 융합하여 기업에 유리하게 유도하는 일련의 과정이다.

2. 성공창업자의 특성

사업성공은 개인특성 외에 주변 인물들의 도움, 환경 등 외부 요인에 의해 영향을 받는다. 성공한 사업가들의 주요 특징을 살펴보면 다음과 같은 요소를 갖고 있음을 발견할 수 있다.

(1) 적극적인 도전 정신이 있다.

스스로가 세운 목표에 대하여 능동적으로 참여하고, 목표를 달성한 경우에도 계속 상향된 목표를 세워서 도전한다.

(2) 주도적으로 일하며 책임감을 갖는다.

목표에 대한 신념을 깊이 내면화하여 방향성을 잃지 않고 열정을 다하여 일하며, 스스로에게 과제를 부여하고 계획적인 행동에 의하여 접근한다.

(3) 인내력과 결단력이 있다.

경영상의 어려움이 발생해도 두려워하거나 피하려하지 않으며 역경을 성공의 기회로 삼는 지혜를 발휘한다. 위기의 순간에 이를 탈피하고자 하는 내재능력을 결합하고 미래에 대한 결단을 신속하고 과감하게 하는 면모를 보인다.

(4) 미래의 위험을 계산한다.

국내외적인 경영상의 여러 여건을 통합하여 가상의 미래를 설정하고, 이를 통해 자신에게 다가올 상황을 구체적으로 가늠하여 그 상황에 선제적으로 대응하여 나가는 지혜를 발휘한다. 필요에 따라서는 최적의 투자자를 찾아 제안하고 영입한다.

(5) 낙관적인 유머감각을 가졌다.

사업계획과 경영에서 오는 여러 요소를 냉철히 판단하고 대응하는 치밀함을 보이나 현안을 한 걸음 뒤에서 관조하는 여유를 잃지 않고 주변의 동료에게 여유있게 유머를 행사하는 넉넉함도 갖고 있다.

(6) 자신의 관리를 냉철히 한다.

자신의 행동을 공과 사로 구분하여 파악하며 스스로의 행위에 잘못이 발생할 경우에는 과감하게 이를 시정하고 명문화 하여 교훈으로 삼는다.

(7) 정직과 신뢰에 기반하여 사고하고 행동한다.

행위의 기본방향을 정직과 신뢰에 두고 인간관계를 장기적으로 유지하려하며, 정직과 신뢰가 없는 성공에는 연연해 하지 않는다.

(8) 사업에서 오는 성과를 공정히 배분한다.

장기적으로 사업을 성공시키기 위해서는 구성원 간에 이익을 공정히 배분한다. 일정부분의 이익은 이익창출의 기반인 소비자에게 환원하며 이를 통한 기업이미지 제고효과도 적극적으로 이루고자 하는 현명함을 갖고 있다.

3. 창업의 유형

(1) 단독창업

소규모의 창업에 주로 이용되는 방식으로 사업계획, 투자, 마케팅, 운영, 재투자에 관한 일체의 사항을 투자자 단독으로 결정하고 시행하는 유형이다.

[장점]

① 의사결정이 신속하다.

② 자신의 경영능력을 비교적 빠르게 확인하고 개선할 수 있다.

③ 레스토랑의 인테리어, 메뉴, 서비스 등의 특징을 독특하게 변형하여 운영하는 것이 자유롭다.

④ 경영의 방향을 결정하고 이행하는데 용이하며 고객서비스를 향한 노력에 따른 반응을 객관화 할 수 있다.

[단점]

① 과학적이고 체계적인 판단을 하기 어렵다.

② 자본의 투입이 개인의 역량을 벗어나기 어렵다.

③ 규모의 사업을 구성하고 기자재 등을 도입하기 어렵다,

④ 대내외적인 환경변화에 적절히 대응하기 어렵다.

(2) 공동창업

2인 이상의 사람이 사업계획, 자본, 인적자원관리 등에 공동투자를 전제로 창업하는 형태로 중대형 규모의 창업에 주로 이용되는 방식이다.

[장점]

① 합리적으로 창업계획이나 거시적인 사업전망 등을 할 수 있다.

② 자본, 인적자원의 조달을 원활히 할 수 있다.

③ 운영의 여러 요소를 대별하여 담당하므로 업무의 부담을 줄이고 효율을 기할 수 있다.

[단점]

① 영업의 전반에 대한 의사결정이 지연될 수 있다.
② 영업이익의 배분에 관한 다툼이 발생할 수 있다.
③ 확대투자와 이에 관한 계획수립에 단일한 의견을 도출하기 어렵다.

(3) 가족창업

신규로 창업을 시작하는 사람은 비교적 투자금도 적고 사업 경험이 없기 때문에 소규모, 소자본으로 창업하는 것이 바람직하다. 소규모 창업조직을 구성하기에 가족은 적합한 조직이라고 할 수 있다. 가족들은 성장 배경, 생활환경 등이 비슷하고 서로의 장 · 단점을 잘 알고 있으므로 성공적인 사업 수행에 이상적인 조직이다.

[장점]

① 가족이 모여 창업을 하므로 인건비 등을 절약할 수 있다.
② 창업이 성공하여 이익이 나면 모두 가족의 것이 되어 영업의 성장동력을 더 많이 얻을 수 있다.
③ 가족 구성원 간의 협력이 일반 조직보다 우수하므로 시너지 효과를 얻을 수 있다.
④ 가족 구성원 간의 응집력으로 경영에서 오는 어려움에 효과적으로 대처할 수 있다.
⑤ 영업시간의 확장, 노동 강도의 증가 등 근무여건의 변화에 능동적으로 대처할 수 있다.

[단점]

① 가족의 특수성으로 불화발생 시 강력히 통제하고 조정하기가 어렵다.
② 가족경영에서 오는 혈연 간의 유화성으로 인해 고객으로부터 객관성의 결여라는 편견을 유발할 수 있어 영업에 부정적인 영향을 줄 수 있다.
③ 사업성과에서 오는 경영상의 공과에 대해 적극적으로 대처하고 원인을 파악하여 책임규명을 하기 어려운 부분이 있다.

④ 경영권 이양 시 가족구성원 간에 기여도와 승계권에 대한 갈등이 발생할 수 있고, 이를 합리적으로 처리하는데 큰 어려움을 겪을 수 있다.
⑤ 자금관리를 가족구성원이 하므로 이에 따른 문제점을 파악하고 대응하는 과정에서 정리주의를 앞세워 객관성이 결여될 수 있다.

(4) 가족창업성공 10계명

① 가족 간 이익 배분에 대한 원칙을 사전에 세우고 이를 철저히 지켜라.
② 업무분담과 책임사항을 명확히 하고 이를 명문화 해라.
③ 공과 사를 분명히 하고 예의를 지켜라.
④ 운영에 대한 원칙을 명문화하고 지켜라.
⑤ 인건비가 많이 들어가는 업종을 선택하라.
⑥ 사업 시행 전에 가족 간의 대화를 충분히 하고, 이에 따른 문제점 등을 충분히 검토하여 자발적인 의사에 의해서만 창업하라.
⑦ 가족구성원 간에 창업에 대한 의견수렴을 거쳤어도 이에 따른 상호 분담능력 등을 고려한 철저한 사전 준비가 필요하다.
⑧ 구성원 간의 업무분담을 명확히 하고 이에 따른 사전업무 학습을 동일업종에서 3개월 이상 경험하고 참여의지를 확실히 하는 구성원만 참여하게 한다.
⑨ 가족구성원 각자의 장래 계획을 확정하여 정한 기간에만 참여하게 한다.
⑩ 가족창업은 좋은 점도 많이 있으나 운영을 부실히 하면 구성원 간의 기본적인 우애에도 상처를 받으므로 신중한 판단에 근거하여 계획하여야 한다.

Chapter 02 외식창업설계

1. 사업전망 예측

사업전망 예측은 성공창업을 사전에 확인하는 과정으로 외식창업의 전제조건이다. 예측의 단계를 대별하여 보면 아래와 같이 요약할 수 있다.

국제경제환경 분석 → 국내경제환경 분석 → 사업진출여부 결정 → 주고객 선정 → 메뉴 선정 → 마케팅방식 결정 → 적정투자금 결정 → 예상매출 검토 → 일정기간 시뮬레이션 시행(3개월 정도) → 종사원 조달방법 및 인사시스템 결정 → 손익분기점 도달시기 예측 → 재투자금의 규모 및 자체조달의 원활성 검토 → 투자금 회수시기 결정 등으로 이루어진다.

2. 단계별 검토사항

① 세계경제환경 분석 : 자국의 경제와 세계경제는 상호간에 연동되어 있으므로, 세계경제의 흐름과 전망을 정확히 해야 한다.

② 국내경제환경 분석 : 세계경제의 흐름에 맞는 국내경제상황을 파악하고, 적절한 사업 품목을 정해야 한다.

③ 사업진출여부 결정 : 국내외 경제환경이 우호적일 때 사업진출을 긍정적으로 검토할 수 있으며, 진출 단계에서는 사업품목과 투자금 규모를 결정하는 것이 중요하다.

④ 주고객 선정 : 투자금과 입지를 고려하여 주요 고객을 선정하고, 예상 고객수를 파악해야 한다.

⑤ 메뉴 선정 : 주요고객 선정에 따른 선호메뉴를 진출메뉴와 예비메뉴, 순환메뉴로 나누어 선정해야 한다.

⑥ 마케팅방식 결정 : 주 고객층과 메뉴를 고려한 최적의 마케팅 방식을 찾아 계획서를 작성해야 한다.

⑦ 적정투자금 결정 : 자기자본 대비 부채 비율은 20%를 넘지 않는 것이 좋으며, 총 투자 금액의 10% 정도는 예비 자금으로 확보해 놓아야 한다.

⑧ 예상매출 검토 : 기업의 존속을 위하여 가장 중요한 예상 매출을 과학적으로 파악하고, 이를 사업계획서에 반영해야 한다.

⑨ 일정기간 시뮬레이션 시행 : 사업진출을 위한 모든 여건이 우호적이라 하더라도 실제 상황과는 차이가 있을 수 있으므로, 진출 메뉴를 이용하여 비슷한 입지를 선정한 후, 영업 시뮬레이션을 시행해 보는 것은 매우 중요하다.

⑩ 종사원 조달 방법 및 인사시스템 결정 : 외식산업은 인적 자원 사업이라 할 수 있는 인적 서비스 산업이기 때문에 우수한 종사원을 채용할 수 있는 여러 가지 시스템이 갖추어져야 한다.

⑪ 손익분기점 도달시기 예측 : 투자금 대비 손익분기점 도달시기는 6개월 이내여야 하며, 이를 위한 구체적 매출 계획이 수립되어야 한다.

⑫ 재투자금의 규모 및 자체조달의 원활성 검토 : 시설의 보수, 개선을 위한 재투자금은 이익잉여금에서 지출되어야 하며, 재투자 시기와 일치 여부를 검토해야 한다.

⑬ 투자금 회수 시기 결정 : 초기 자본의 회수시기는 5년 이내에 달성할 수 있는 구체적 계획을 수립하여야 한다.

국내외 경제환경 분석 및 예측	우수한 메뉴시현 능력확보	차별화된 시설 및 서비스능력	주요고객층 선정	마케팅 능력확보

그림 2-1 성공창업을 위한 5대 요소

3. 입지선정

(1) 입지선정의 목적

매출에 대한 위험요소를 감소시키고 안정적인 매출의 균등화와 극대화를 도모하여 장기적 발전의 토대를 마련하기 위함이다.

(2) 입지선정의 중요성

잘못된 입지선정은 영업에 결정적인 영향을 미치며 영업활성화를 위한 고객유치에 많은 노력과 경비를 지출하게 된다. 일반적으로 구매의 수량은 거리에 반비례하며 거리가 짧아질수록 증가한다.

4. 표적시장 결정

(1) 표적시장 결정 방법

① 업종선택에 대한 소비자 관행 조사(면접, 설문조사)
② 업종 이용빈도 및 형성된 시장구조 파악
③ 기존 영업점포 간의 경쟁상황 파악
④ 이용인구의 인구통계 분석(성별, 연령별, 소득 등)
⑤ 유입 교통수단 및 보행인 수 조사

(2) 표적시장 조사원칙

① 공휴일이 없는 주를 대상으로 한다.
② 매장 영업시간 동안에 이루어지는 주변상황을 점검한다.
③ 4주간 매시마다 하며 요일별 시간대별로 분석한다.

5. 표적시장 조사단계

(1) 입점 예정 점포와 위치와 특징이 유사한 매장을 4~5개 선정한다.

① **선정요소** : 상주 유형(주거, 업무, 상업)
② **인구통계**(남녀, 연령, 학력, 소득, 가족형태 등)
③ **주거단지 또는 건물의 규모**(단독주택지, 아파트 단지, 오피스텔, 업무용 빌딩 등)
④ **인접시설 유형**(백화점, 대형마트, 재래시장 등)

(2) 유사점포 주변의 유동인구와 이용고객수를 산출한다.

① 동일한 요일의 같은 시간대
② 개점시부터 폐점시까지 총 이용고객의 수
③ 공휴일이 포함되지 않은 일주일
④ 공휴일 익일의 유동인구와 이용인구는 별도로 조사

(3) 동종점포의 요일별 시간대별 Capture rate(유동인구의 매장유입율)*을 산출한다.

* Capture rate = 시간대별 매출전표 수 ÷ 시간대별 이용인구 수
(유동인구 중 점포를 방문하여 이용하는 고객에 대한 비율)

6. 기능별 입지선정 방향

① 업무기능지역형 : 회사 밀집지역
② 상업기능지역형 : 상가 밀집 또는 상권형성 지역
③ 주거기능지역형 : 대단위 아파트 단지, 밀집된 단독주택가
④ 학원기능지역형 : 학원 밀집지역
⑤ 몰 입지형 : 백화점 내 및 근처
⑥ 영화관 또는 위락시설 기능 밀집지역 : 대형영화관, 놀이시설 밀집지역
⑦ 교통시설기능지역 : 기차역, 버스환승장, 택시승강장 인접지역

7. 입지선정 체크포인트

일반적으로 입지에 의한 매출과 영업력에 의한 매출의 비율은 7:3 정도이다. 입지에 의한 매출의 비중이 매우 크고 입지선정은 매출에 지대한 영향을 미치므로 좋은 입지를 선정하는 것은 사업의 성패를 가름하는 중요한 요소이므로 합리적으로 입지를 선정해야 한다.

입지선정에 중요한 요소는 다음과 같다.

① 주력상품에 맞는 입지 후보군을 선정한다.
② 입지 주변의 교통여건을 면밀히 파악한다.
③ 입지 주변의 유동인구를 파악한다.
④ 유동인구의 유형을 파악한다.
⑤ 점포의 크기는 적정한지 파악한다.
⑥ 점포 주변의 경쟁업소의 수와 영업상황을 파악한다.
⑦ 해당점포와 집합건물 전체의 권리관계를 명확히 파악한다.
⑧ 요일별로 상가 주변의 인구유입 정도를 파악한다.
⑨ 일일 시간대별로 상가 주변의 인구유입 정도를 파악한다.
⑩ 상가주변의 현재 개발상황을 점검하고 미래의 개발예정사항 등을 확인한다.

⑪ 상가주변의 상주인구 유형을 파악한다.

⑫ 출점 예정상가의 후보군을 1개월 이상 비교하며 적절한 곳을 선정한다.

8. 점포선정 체크포인트

① 건물의 구조와 동선조사

② 건물 외부의 관련시설 유무 조사

③ 공부상의 근저당설정 등의 조사

④ 동일건물 내 인접상가의 임대차계약 상황 점검

⑤ 건물 내외부의 시설 노후화 정도와 개보수 상황 점검

⑥ 주력상품에 맞는 적절한 층수와 대기 공간 등의 점검

9. 좋은 점포와 좋지 않은 점포

(1) 좋은 점포의 요건

① 입점예정 점포의 주변 전체가 활성화 된 상가

② 대중교통의 종점(시내버스, 전철, 기차, 고속버스 등)

③ 역세권(전철, 고속철도 등)

④ 상가 군에 유동고객이 많은 점포

⑤ 1,000세대 이상 아파트 단지 상가(이웃에 대단위 상가가 없을 경우)

⑥ 유흥업소 밀집지역의 이면도로에 접한 상가군

⑦ 주차장 주변의 상가(주차대수 100대 이상)

⑧ 출근방향보다는 퇴근방향 점포

⑨ 언덕에 위치한 점포보다는 평지의 점포

⑩ 대로변의 코너에 위치한 점포

⑪ 테마형 전문상가

(2) 좋지 않은 점포

① 간판이 자주 교체되는 점포
② 언덕의 중간에 위치한 점포
③ 맞은편에 상가군이 없는 경우의 점포
④ 상가군의 배후에 인구유입시설이 별로 없는 곳
⑤ 북향으로 향한 상가군의 점포
⑥ 변두리의 대로변 비테마형 상가
⑦ 육교 바로 아래, 지하철 입구
⑧ 삼각형이나 사다리꼴형 점포
⑨ 상가군이 단층으로 형성된 점포
⑩ 30% 이상 비어있는 상가의 점포

Chapter 03 외식업 경영 성공비법

1. 창업자의 정신

레스토랑 경영에서 실패를 하거나 또는 고전을 면하지 못하는 창업자는 자신의 처지를 외부적인 문제의 탓으로 돌리는 경우가 많다. 그러나 대부분의 문제는 경영자 자신으로부터 나오게 된다. '훌륭한 리더는 문제가 발생하였을 때, 제일 먼저 자신을 돌아본다.'라는 리더십의 덕목처럼 성공적인 사업가가 되기 위해서는 자신의 내부로부터 문제의 원인을 찾는 자세가 필요하다.

치열한 경쟁환경, 특히 진입장벽(entry barriers)이 낮은 레스토랑 사업의 경쟁환경은 무엇보다도 창업자로 하여금 철저한 기업가 정신을 요구하고 있다. 주먹구구식의 욕심만 가지고 경영하는 형태가 실패하는 경우는 우리의 주위에서 많이 목격되고 있다. 수많은 레스토랑이 쓰러지고 하루에 수십 개의 레스토랑이 새로이 문을 열고 있다. 철저한 사업가 정신을 보유한 경영자들만이 생존하고 번영할 수 있는 환경에 직면해 있는 것이다.

본 장에서는 레스토랑의 성공적인 창업을 위해서 창업자가 가져야 하는 올바른 경영정신과 올바른 자세를 다루게 되며, 창업자의 자질과 각자의 성격에 적합한 창업스타일 또한 간략히 소개하기로 한다.

2. 성공하기 위한 창업자의 자세

서비스업은 창업자의 철학을 필요로 한다. 소비자 만족과 종업원을 중시하는 기업의 자세는 창업자의 서비스 철학에서 시작되는 것이다. 또한 이러한 경영자의 철학은 고객과 종업원의 만족을 이끌어 내어 성공적인 기업경영을 할 수 있는 밑바탕이 된다.

우리나라에는 해마다 약 4~5만 개의 중소기업이 새로 설립되는 것으로 추정된다. 일정한 규모와 체계를 갖춘 주식회사 형태에서부터 종업원 5명 이내의 소규모사업, 심지어는 사장 1인이 모든 업무를 총괄하는 소매점도 창업되고 있다.

또한 기회와 여건만 주어지면 언젠가 한 번쯤 자기 회사를 차려서 사장이 되고 싶어하는 샐러리맨 예비창업자도 수없이 많다. 그러나 사장이 되어 보겠다는 막연한 생각과 의욕만으로는 회사를 창업할 수 없고 더군다나 성공적인 경영을 이룩해 내기란 불가능하다.

따라서 창업을 성공적으로 이끌기 위해 창업 출발선상에서 창업주가 가져야 할 바람직한 정신자세는 어떤지를 먼저 살펴 볼 필요가 있다.

(1) 샐러리맨의 발상에서 벗어나라.

탈피해야 할 샐러리맨적인 발상에는 업무의 무사안일, 적극적 재테크의식 결여, 자본증감에 대한 무사안일 등을 들 수 있다. 요즘에는 실직한 후 경기가 좋지 않다며 안전하게 은행에 돈을 넣어 놓고 이자소득으로 살아가려는 소극적인 생각을 갖고 있는 소자본가들이 많다.

그러나 안정된 이자소득을 과감하게 포기하고, 불안전한 요소는 있지만 수입을 올릴 수 있는 방안을 강구하는 것이 자본을 늘릴 수 있는 효과적인 방법이다. 그러므로 샐러리맨의 발상에서 벗어나는 첫 번째가 이자소득에만 의존하지 않는 것이다.

(2) 쉽게 돈 벌 생각을 버려라.

사업을 해서 돈을 모으려면 적은 돈도 소중히 생각하고 절약하는 것이 몸에 배어 있어야 하며, 사업의 기회가 오면 계획과 목표를 잘 세워서 꾸준하게 밀고 나가는 의지와 노력이 필요하다.

또한, 사회변동의 흐름을 빨리 감지해서 상황이 변할 때를 대비한 대책을 마련해 두고 있어야 하며, 자신의 판단이 틀렸을 때는 과감하게 손해를 보고 물러설 줄 알아야 한다.

그러나 많은 사람들이 '어떻게 하면 빨리 돈을 벌 수 있을까?' 하고 생각하면서 남들이 잘된다는 업종에 아무런 노하우도 없이 뒤늦게 뛰어들어 실패를 하곤 한다.

특별한 노하우 없이 시작해서 돈을 벌 생각은 버려야 한다. 또한 창업의 진입장벽이 약한 업종, 즉 누구나 쉽게 창업할 수 있는 업종은 피하는 것이 좋다.

(3) 정보를 수집하라.

사업을 하려고 하는 사람이라면 올바른 정보와 잘못된 정보를 판단할 줄 아는 안목을 갖고 있어야 한다. 그런데 이런 안목이 하루아침에 생기는 것이 아니므로 평소부터 사업에 대한 안목을 기르는 것이 중요하다.

안목을 기르려면 먼저 창업관련 정보 또는 유망업종 등이 수록된 책이나 잡지 등을 지속적으로 살펴보면서 새로운 정보는 스크랩을 하고, 전에 모아 두었던 자료와 새로운 자료를 비교해 보아야 한다. 그러나 보다 중요한 것은 실제로 장사하는 사람들을 찾아다니면서 직접 보고 듣는 현장탐방이다.

즉 현장에서 만나는 사업가들과 대화를 나누며 요즘 잘 팔리는 상품 등 소비자들의 취향을 파악하고, 또한 그 업종에 대한 경기의 흐름을 파악해야 한다.

(4) 돈에 맞게 시작하라.

사업을 하지 못하는 사람들의 상당수가 '가진 돈이 없기 때문'이라고 말한다. 그러나 장사는 가진 돈이 적으면 적은 대로 많으면 많은 대로 형편에 맞게 시작 할 수 있다. 동원할 수 있는 돈이 몇 백만 원밖에 안 된다면 포장마차나 붕어빵 장사라도 시작하면 된다.

그러므로 돈 때문에 사업을 못한다는 것은 이유가 될 수 없다. 차라리 자신감과 용기가 없기 때문이라는 말이 맞다. 또한 자신이 가진 돈이 조금밖에 없는 데도 무리하게 점포를 크게 얻는 것은 삼가야 한다.

(5) 초보자는 모방하라.

사업을 시작하려는 사람들의 상당수가 '뭔가 새로운 사업거리'를 찾고 있다.

일본에서 유행하고 있거나 미국 등지에는 있는데 국내에는 아직 소개되지 않은 업종을 찾는다든지, 아무도 시작하지 않았는데 시장성이 보이는 사업을 찾는 것이다.

그러나 적은 자본으로 시작해서 실패의 확률을 줄이고 싶다면, 그런 생각은 버리는 것이 좋다. 아무도 시작하지 않은 업종이라면 아직 검증되지 않았을 것이고 그만큼 위험성이 높기 때문이다.

남이 안 하는 사업을 시작하게 되면 예상치 못한 수많은 시행착오를 겪게 되고 그만큼 성공 가능성보다는 실패할 확률이 상대적으로 높을 수밖에 없다. 그래서 그런 유형의 창업자 중에는 다른 사람들에게 실패의 교훈만 심어주고 마는 경우가 허다하다.

따라서 적은 자본으로 시작하는 사람이라면 너무 새로운 사업만을 고집할 것이 아니라, 현재 있는 업종 중에서 잘 되고 있는 사업을 철저히 모방하는 것이 위험을 줄일 수 있는 하나의 방법이다.

(6) 입지와 업종의 궁합을 맞춰라.

사업이 성공할 수 있느냐 없느냐를 결정하는 요소 가운데 점포의 위치가 차지하는 비중은 60~70%로 매우 중요하다. 하지만 입지만 좋다고 모두 장사가 잘 되는 것은 아니다. 입지와 업종이 잘 어울려야 한다. 즉 입지에 맞는 업종을 선정하는 것이 중요하다.

(7) 주인의 얼굴이 최고의 상품이다.

소형 점포에서는 고객이 가게에 들어서면서 처음으로 대하는 것이 주인의 얼굴이다. 그래서 소비자는 누구든지 그 가게에 들어섰을 때에 주인이 밝은 표정과 명랑한 음성으로 맞이하기를 원하고 있다.

주인의 상냥한 태도와 밝은 표정이 결합되었을 때, 손님들은 '아, 이 가게에 들어오길 잘했구나.' 하는 생각을 하면서 '마음에 드는 물건이 있으면 구입해야지.' 하는 마음을 갖게 되는 것이다.

그러므로 점포의 주인은 평소에 자신이 고객들에게 어떻게 대했는가를 되돌아보고 표정이 어두웠거나 딱딱했다면 당장 고쳐야 한다. 그러나 표정이 하루아침에 바뀌기는 어려우므로 거울을 보면서 밝은 표정 짓는 연습을 해서라도 손님들에게 좋은 인상을 심어주어야 한다.

(8) 이익부터 생각하지 마라.

사업을 시작하는 사람들은 대체로 '얼마를 남길 것인가'부터 생각하는 경향이 있다. 돈을 벌려고 하는 사업이니 당연히 수익을 생각하지 않을 수 없지만, 시작부터 남기는 것에 치중하게 되면 사업의 한계가 일찍 오게 된다.

처음부터 수익을 생각하다보면 원가를 따지게 되고, 인건비와 재고상품의 질을 낮출 수밖에 없는데, 그러다 보면 상품의 질이 나빠지고 매출이 떨어져서 오히려 수익이 줄게 된다. 그러므로 수익을 따지는 것은 부차적인 문제이어야 한다. 먼저 매상을 올리는 데 주력하는 것이 중요하다.

(9) 체면과 자존심을 버려야 한다.

사업을 시작한 창업자가 가져야 할 자세로 가장 중요한 것이 자존심과 체면을 버리는 것이다. 창업상담을 오는 상당수의 사람들이 "힘 덜 들이고 이미지 더럽히지 않으면서 돈 벌 수 있는 장사가 없느냐?" 고 묻곤 한다. 자신의 체면을 높이 유지하면서 돈 벌기를 원한다면 그건 오산이다. 그런 장사는 없다.

장사는 직장 다닐 때보다 몇 배 힘들고 온갖 궂은 일은 다 해야 하며, 치열한 경쟁에서 이겨야 존재하는 냉혹한 생존경쟁의 광활한 광야인 것이다. 전에 대기업 부장이었거나 회사 간부였다고 체면과 자존심을 내세운다면 성공창업의 길은 험난한 도전에 부딪혀 좌초할 것이다.

무슨 일이든 마찬가지겠지만, 사업도 바닥에서부터 시작하고 어려움을 이겨내야 한다는 생각으로 시작해야 성공도 있고 돈도 벌 수 있다.

(10) 신화적인 서비스를 창조하라.

얼마 전 '번개'라는 중국집 배달원의 서비스 정신이 장안의 화제가 된 적이 있다.

그가 자장면을 배달하면서 우동국물을 함께 주었더니 손님들이 대단히 만족해 하며 감동하더라는 것이다. 그것이 바로 서비스이고 고객을 감동시키는 요령인 것이다.

그러나 지금은 그러한 서비스를 제공하는 업소가 많이 생겼다.

이제는 그 정도의 만족과 감동의 서비스를 뛰어넘어 신화적인 서비스를 제공하지 않으면 살아남을 수 없다. 신화적인 서비스란 무엇인가?

'만족과 감동의 서비스'가 고객이 미처 생각지도 못했던 편리를 제공하는 것이라면, '신화적인 서비스'는 굳이 하지 않아도 되는 서비스, 더 나아가서 손님들이 제공받으면서 고마움을 느끼고 언젠가는 갚아야 되겠다는 생각을 갖게 만드는 서비스라고 할 수 있다.

3. 성공 창업자의 자질

창업자는 모든 업무에 만능이 되어야겠다는 각오, 끈질긴 의욕과 집념, 부단한 자기 계발, 그리고 성실성을 창업자의 좌우명으로 삼아야 한다. 그 밖에도 창업자가 가져야 할 경영능력과 지도력을 살펴보면 다음과 같다.

표 3-1 창업자의 경영능력과 지도력

	경영능력	지도력
신계획개발의 능력	바람직한 결과 달성을 위한 단계별 계획 수립과 자원의 효율적 분배계획 수립	미래 비전의 창조 및 비전 달성을 위한 전략과 변화방향의 제시
계획달성을 위한 인간관계 구축	계획 달성에 필요한 조직구도 구축, 조직 구도에 맞는 인력의 채용 및 적정한 배치	지도자의 비전과 전략을 이해하고 능동적으로 따를 수 있는 인간관계의 구축을 위한 수평적 대화의 활성화
업무의 실행 결과	계획과 결과의 차이에 대한 분석 및 향후 해결방안에 대한 연구 및 방향제시	인력자원이 조직 내에서 겪는 갈등의 원인을 파악하고 대응방법을 모색하여 실질적으로 현장에서 개선될 수 있도록 지속적인 관리력을 견지한다.

4. 성격유형별 창업 전략

사업의 성공률은 창업투자금과 비례하지 않는다. 창업의 성공과 실패는 사업자의 사업가적 기질이나 적성에 따라 큰 차이를 보이기 때문이다. 물론 업종도 잘 선택해야 하고 사업장의 입지조건도 업종과 맞아 떨어져야 성공이 보장 된다. 하지만 사업 성패의 원인이 창업자 자신에게 있다는 중요한 사실을 잊어서는 안 된다.

흔히 창업자는 본인이 성실하고 부지런하며 대인관계도 원만하고 외모나 인격적인 면까지 골고루 우수하다고 판단되면 성공창업에 대하여 확신을 갖는데, 여기서부터 오차가 발생한다. 이 모든 것이 스스로의 생각에 도취하였을 뿐, 고객이 평가하는 상황은 그렇지 못한 경우가 대부분이다.

특정 유형의 사람이 창업하면 반듯이 실패한다고 단정하지는 못하겠지만, 유형별로 차별화된 사업전략을 세운다면 실패할 위험을 줄일 수 있을 것이다.

(1) 말하기 싫어하는 과묵형

창업은 원만한 대인관계가 우선이다.

소자본 창업은 매일 점포에서 고객과 대화로 하루를 시작하기 때문에 고객에 대한 서비스 정신을 가져야 한다. 동시에 동종 업종에 종사하는 선배창업자와 정보교류가 이루어져야 발전할 수 있다. 말하기 싫어하고 듣기도 싫어하는 예비창업자는 성격을 과감히 개선해야 창업의 문턱에 갈 수 있다.

(2) 창업목적이 없는 무감각형

대부분의 창업자는 창업 목적에 대해 단순히 '돈을 벌기 위해서'라고 대답한다. '한 달에 수익은 어느 정도 기대하느냐'에 대해서는 다다익선으로 얼버무린다. 이런 자세로는 짜임새 있는 운영을 할 수 없다.

반드시 한 달에 얼마의 수익을 올리고 지출은 어떻게 할 것인지, 사전에 계획을 세워 두어야 한다.

(3) 용기와 집념이 부족한 적당형

자신의 성격을 파악해 업종을 고려해야 한다. 외모에 열등감을 느끼면 점포형 사업보다는 사무실형의 업종을 택하는 편이 낫다. 하지만 자본의 여유가 있다고 종업원 중심으로 운영하려는 꾀를 부려서는 안 된다. 창업자 스스로가 종업원 2~3명의 몫은 하고자 하는 집념이 없다면 성공의 길에 들어설 수 없다.

5. 외식경영인의 준비사항과 수칙

외식업 창업은 산업의 여러 분야 중에서 가장 활발한 분야이다. 많은 창업이 이루어지고 있는 반면에 폐점율 또한 높은 업종군이다. 이와같이 치열한 경쟁 속에서 외식업으로 성공하기 위해서는 요행을 바라는 것은 금물이다.

외식업의 영업세계는 춘추전국시대에 수많은 국가들의 흥망성쇠와도 같다고 할 수 있다. 남다른 노력과 특화된 기능, 점포운영 능력이 없으면 손익분기점을 넘길 수 없으며 폐점의 나락으로 빠지고 마는 것이다. 이를 미연에 방지하기 위해서는 다음과 같은 준비가 절실히 필요하다.

(1) 외식경영의 실제에 대한 다양한 학습을 분야별로 해야 한다.

외식업 경영은 겉으로 보기에는 간단해 보이지만 내면의 여러 상황을 고려하면 결코 단순한 사업이 아니다. 외식업을 성공적으로 경영하려면 마케팅, 종업원 등의 여러 분야를 원활히 관리할 수 있는 능력이 있어야 한다.

경험없이 창업하는 행위는 고객을 대상으로 영업 연습행위를 하는 것과 같은 것으로 이는 대부분의 초보자들이 실패하는 원인이다. 고객들의 선택영역은 너무나 넓고 그들은 경영자들의 연습행위를 결코 용납하지 않음을 명심해야 한다.

(2) 외식경영의 실제에 대한 실제 경험을 현장에서 체험해야 한다.

'백문이 불여일견'이라는 말이 있듯이 열 번 듣고 보는 것보다 한 번 실제상황을 체험해 보는 것이 더욱 중요하다.

창업을 희망하는 예비경영자들은 동일한 업종 또는 유사한 업종에서 종업원의 신분으로 근무하며 실제상황을 느끼고 공부하여 창업해야 성공확률을 높일 수 있다. 일반적으로 최소 6개월 이상 근무해야 업장의 실제상황을 깨달을 수 있다.

(3) 고객의 입장에서 요구사항을 점검해야 한다.

예비경영자가 생각하는 창업의 요소 중에 간과하기 쉬운 것이 소비자 입장에서의 관점이다. 소비자의 관점에서 생각해야 할 여러 요소 중에서 특히 주 고객층의 성향을 우선 파악해야 한다. 흔히 창업자와 고객층의 세대는 상당한 차이를 보이는 경우가 많다. 50대가 20대를 주 고객층으로 창업한다면 눈높이를 그에 맞추어야 하는 것이다.

(4) 저가전략은 위험하다.

일반적으로 가격이 저렴하면 많이 팔릴 것으로 생각한다. 그러나 실제 경영에 있어서는 많이 팔리는 것보다 얼마나 이익을 남기느냐의 문제가 더 중요하다. 원가율을 고려한 적정이익을 반드시 설정하여 이익이 발생하지 않는 매출은 의미가 없음을 명심해야 한다. 음식점 개업 시 메뉴의 최초 가격은 매우 중요하다. 영업진행 중에는 연 5% 이상 올릴 수 없다. 그러므로 무리한 저가전략은 큰 함정이 될 수 있으므로 신중히 개점메뉴 가격을 정해야 한다.

(5) 주인이 음식을 알아야 한다.

외식업 경영의 성패는 주방장의 능력에 따라 좌우된다고 해도 과언이 아니다. 주방장의 능력은 맛 시현의 능력이고 맛은 음식점 성공의 90% 정도의 요인으로 작용한다. 일반적으로 주방장의 근속기한은 일반식당의 경우 3년 정도이다. 그러므로 식당경영자는 제공메뉴의 70% 정도는 직접할 수 있는 능력을 키워야 한다. 또한 주방장의 공석으로 인한 피해를 최소화하기 위해 레시피를 합리화 · 과학화하고 주요양념을 계량표준화 할 필요가 있다. 또한 음식맛이 일관되려면 주인이 식당의 음식맛을 일정하게 관리하여야 한다.

경영자가 직접 요리를 하지 않는다 해도 끊임없이 향상된 맛을 개발하고 이를 유지하려는 노력을 기울여야 하고 유능한 요리사를 초빙하여 시연과 기술이전을 위한 노력도 게을리 하지 말아야 한다.

(6) 음식맛은 90% 정도로 중요하다.

음식점 성공의 요소 중 70% 정도는 입지 등의 요소에 의해서 좌우된다는 의견도 있으나 실제 경영에 있어서는 맛이 90% 정도를 차지한다고 할 수 있다. 여기서의 맛에는 위생적 요소도 함께 고려된다.

아무리 좋은 시설과 분위기, 입지를 가졌다 하더라도 음식맛이 없거나 식중독이 발생하였다면 해당식당의 영업은 심각한 타격을 받기 때문이다. 따라서 어떠한 요인보다도 중요한 것이 맛이라고 할 수 있다.

맛은 대개 비슷하다고 말하는 경우가 있으나 이는 독특한 맛을 창출하는 소문난 맛집 등의 성공 예에서 교훈을 얻어야 한다. 특별하고 품격있는 맛은 입지도 분위기도 이길 수 있는 요소임을 명심해야 한다.

(7) 창업 시의 중점메뉴를 유지하라.

일반적으로 개업 후 3개월 정도는 고객의 수요가 많다. 초창기에 선정한 메뉴가 3개월 후에는 선호도가 하향할 수 있는데 이때 매출이 저조한 메뉴를 바꾸는 것은 오히려 손해가 될 가능성이 크다.

다양한 음식점이 산재한 상황에서는 인접 고객들만 이용해서는 실패한다. "그 음식점은 그 메뉴 하나는 제일 잘한다."라는 평가를 듣는 것이 중요하며, 이를 바탕으로 원거리 고객들까지 유인할 수 있어야 성공한다. 장기간 성공적으로 가게를 유지해 온 음식점은 대부분 제 1의 주력메뉴를 지켜온 식당들이다.

(8) 공동투자를 해도 경영은 한 사람이 한다.

대형 음식점의 경우 투자자가 여러 명인 경우가 있으나 경영은 대표 투자자 한 명이 해야 하며, 그밖의 투자자들은 뒤에서 지원하는 것으로 만족해야 한다.

복수경영자 경영은 고객과 종업원 모두에게 혼란을 주고 영업에 부정적인 영향을 미치게 되기 때문이다. 공동투자를 하기 전에 투자자들은 대표투자자에 대한 역할을 계약에 의해 명료하게 정리한 후 투자를 진행해야 한다.

(9) 종업원 관리는 가장 중요하다.

외식업은 인적서비스 산업으로 종업원의 자질과 근무태도는 식당경영의 성패를 좌우한다. 그러므로 종업원에게 적정한 처우를 해야 하며, 이를 기준에 의하여야 한다. 관리자는 인격을 존중하는 민주적 관계를 유지하도록 노력하며 직무교육을 게을리하지 말아야 한다. 종업원을 효율적으로 관리하는 부분은 경영자에게 가장 큰 과제이다. 항상 대기자원을 물색하고 산학협력을 수행하여 우수한 자원을 확보하는 노력을 경주해야 한다.

(10) 단골에 대한 인센티브를 철저히 제공하라.

식당업의 존속발전과 주체는 단골손님이다. 단골손님은 단순히 고객의 차원을 넘어 간접적으로는 마케팅 역할을 수행하기도 한다. 이러한 충성고객을 충실히 관리하는 것은 식당의 장기발전에 필수적인 요소이다. 여러 요소 중 가장 중요한 요소는 인센티브제의 시행이다.

충성고객인 만큼 이익의 일정 부분을 고객에게 돌려주어 더 많은 충성고객을 확보해야 하는 것이다. 인센티브제 시행에 있어서 가장 중요한 것은 일관성 유지다. 경영이 어렵다고 해서 인센티브를 줄이거나 없애서는 안 된다. 일반적으로 적정한 인세티브율은 객단가의 3% 정도를 유지하는 것이 바람직하다.

6. 손익분기점

(1) 손익분기점을 산출하는 목적

① 식당을 운영하는 사업자는 매일 발생되는 수입과 지출의 출처를 명확히 알아야 한다.

② 하루 매출이 얼마나 올라야 점포가 유지되고 영업이익이 발생하는 지 파악해야 식당 운영을 효율적으로 관리할 수 있다.

③ 손익분기점을 참고하여 월 손익계산서를 산출하고 점포운영 분석을 할 수 있으며, 과도하거나 불필요한 지출부분은 없는지 확인이 가능하고 문제점이 보이면 수정·보완하여 영업을 할 때 즉시 반영하여야 한다.

(2) 손익분기점의 의미

손익분기점이란 식당 영업을 해서 달성한 영업이익 금액과 매출을 달성하기 위해서 지출된 모든 원가의 차이가 0이 되는 상황의 시점이라고 할 수 있다.
즉 영업이익이 고정비와 변동비의 합을 초과하는 시점을 의미한다.

7. 원가

(1) 고정비

식당을 운영함에 있어서 매출액과 관계없이 고정적으로 발생하는 비용이다.

① 인건비 : 식당운영 시 매월 지출되는 종업원 급료이다.
② 월세 : 식당임차 시 건물주에게 매월 지출되는 금액이다.
③ 이자 : 창업 시 은행대출 및 외부 차입금액으로 인한 지출되는 금액이다.
④ 보험료 : 점포의 화재보험, 종업원 고용보험, 의료보험 등
⑤ 감가상각비 : 창업에 따른 인테리어, 주방설비, 주방기기, 주방용품 등에 투자된 금액을 대상으로 하며, 대체로 5년을 감가상각 연한으로 계산한다.

투자금액 ÷ (5년 × 12개월) = 월별 감가상각비

(2) 변동비

식당을 운영함에 있어서 매출금액의 증감에 따라서 연동되어 변하는 비용이다.

① **원 · 부재료비** : 식당에서 판매하는 메뉴를 만드는 과정에서 발생하는 순수 재료비용이다. 업소의 주 기본재료, 농수산물, 공산품 등
② **판매관리비용** : 전기, 가스, 수도, 통화비(전화, 인터넷), TV 유선비, 영업소모품비, 점포수선비, 기부금, 카드수수료, 잡비 등
③ **마케팅 비용** : 전단지비, 지역광고비, 배너광고비, 인센티브 쿠폰비 등

(3) 감가상각비 계산

① 점포 보증금을 감가상각비에 포함할 경우에는 은행금리 정도(연 5%)를 포함시키고 상가임대차보호법에 의거하여 확정일자를 받았을 경우에는 미포함시켜도 된다.
② 권리금을 감가상각비에 포함할 경우에는 대체로 5년을 감가상각 연한으로 계산한다.
③ 점포를 임차 시 권리금의 조건이 시설 권리금이나 영업 권리금으로 전 임차인에게 지불하였을 때는 감가상각비에 포함하고, 순수한 바닥 권리금(창업 후 영업부진으로 망해서 점포를 정리해도 받을 수 있는 지역상권 고정권리금)으로 지불하였을 때는 차후 점포 매물 시 받을 수 있는 금액이므로 미포함하여 계산해도 된다.

8. 성공창업을 위한 6가지 포인트

(1) 사업기회의 포착

사업을 시작하려면 적기에 사업기회를 포착하여 성공 가능성을 면밀히 검토, 평가한 후에 성공 확신이 있다고 판단되면 창업추진계획을 정확히 수립하는 등 기업가로서의 경영준비를 갖추고 나서 창업에 도전하는 것이 필요하다. 단순히 사업 아이디어와 야심만으로 성공적인 창업을 이룩해 낼 수는 없다.

창업을 성공적으로 이끄는 6가지 포인트가 바로, 첫째, 사업기회의 적기포착, 둘째는 최적 아이템의 선정, 셋째는 분수에 맞는 사업규모의 결정과 사업자금 조달, 넷째는 성공 가능성의 면밀한 검토, 다섯째는 사업추진계획의 체계적 수립, 여섯째는 기업가로서의 자질 계발 등이다.

사업기회란 사업의 꿈을 가진 모든 사람들에게 언제든지 포착된다. 그러나 좋은 사업기회의 적기 포착은 그리 쉽지 않으며, 창업자의 확신과 결단 속에서만 이루어진다. 흔히 경기가 좋을 때에는 심리적으로 창업하려는 사람이 많고, 불경기 때에는 창업을 기피하는 경우가 많다.

그러나 이와 같은 일반적인 사고와는 달리, 오랜기간 꾸준히 면밀한 조사와 준비를 해 온 예비창업자에게는 불경기 때가 오히려 창업의 적기라고 볼 수 있다. 왜냐하면 경쟁자가 적을 때에 먼저 시작하면 호황기 때 빛을 볼 수 있기 때문이다. 호경기 때에 시작한 창업은 이미 시기적으로 늦다.

또 연령적으로도 이왕 시작할 사업이라면 좀 더 젊을 때 시작하는 것이 좋다. 최근 들어 창업하는 사장들의 연령이 40대에서 30대로 젊어지고 있다. 그러나 어떤 경우든지 충동적인 사업결심은 좋은 사업기회의 포착을 방해하는 경우가 많음을 명심해야 한다.

(2) 최적의 아이템 선정

창업의 성공 가능성은 종국적으로 취급제품이나 상품에 대한 일정한 수요창출이 보장될 뿐만 아니라, 적정이윤 획득이 가능한 경우를 말한다. 결국은 최적 아이템 선정이 창업성공의 핵심이라고 해도 과언이 아닌 것이다.

창업성공의 핵심요소인 사업 아이템을 선정할 때, 예비창업자가 접근해 볼 수 있는 방법 중 간단한 방법 몇 가지를 소개하면 다음과 같다.

첫 번째, 남이 하지 않는 일을 하는 것이다. 즉, 그 일에 관한 한, 해당 업종에서 제 1인자가 되는 것이다. 이것은 어려운 것이나 극복해야 한다.

가끔 천재형 사장도 있긴 하지만, 아무나 할 수 있는 일은 아니다. 그러나 남이 하지 않은 분야를 독자적으로 개발하여 그 분야의 제 1인자가 된다면 성공창업의 확률은 높다.

두 번째, 남이 도중에 포기한 것을 철저하게 분석하는 일이다. 남이 도중에 포기한 사업의 상당부분은 사업성이 없어서라기보다는 자금력이 부족하거나, 경험축적이 미흡하거나, 투지와 인내심이 약한 경우가 많다.

따라서 남이 포기한 것이라고 하여 무조건 배타적으로 생각할 것이 아니라, 적극적으로 재검토하면 의외로 성공 가능성을 발견할 수 있다. 성공 가능성이 발견되면 끈기있는 도전이 필요하다.

세 번째, 성공한 경영인의 흉내를 내는 일이다. 예비창업자는 이미 창업을 하여 성공적으로 업소를 경영하는 사장이 표상이라고 할 수 있다. 예비창업자는 신문 · 잡지 · 서적 · 세미나 등을 통하여 성공한 사장의 창업동기 · 업종선택 · 기획포착요령 등을 항상 눈여겨 볼 필요가 있다.

자신의 경험세계를 뒤로 하고 겸손하게 성공경영인의 운영방식을 존중하고 본 받고자 최선을 다하는 예비창업자만이 성공의 반열에 오를 수 있다. 그 밖에도 예비창업자가 동원 가능한 모든 방법을 자기 실정에 맞춰 가능성이 높은 사업을 찾는 노력을 하면 의외로 좋은 사업 아이템을 얻을 수 있다.

(3) 분수에 맞는 사업규모의 결정과 사업자금 조달

사업이란 욕심만으로 되지 않는다. 창업자의 경영능력과 자금조달능력을 사전에 충분히 고려하지 않은 창업은 실패하기 쉽다.

타인으로부터의 자금조달(사채)은 최소한으로 제한하여야 한다. 사채는 현명한 자금조달 방법이라고 할 수 없다. 성공창업을 위해서는 사업규모를 창업자의 자금조달 능력범위 내에서 결정하여야 하는 것이다.

(4) 철저한 사업타당성 분석

최적 아이템 선정은 단순한 업종선택에 그쳐서는 곤란하다. 중요한 것은 해당제품과 상품 및 업종이 창업자의 경험과 전문지식에 얼마나 결부되는지, 상품 생산에 필요한 여건은 충족되었는지, 시장규모는 얼마나 되고, 향후 3년 내지 5년 간의 매출 가능액은 얼마나 되며, 손익분기 매출은 어느 시점에 도달할 수 있는지 등을 면밀히 검토하여야 한다.

창업 시 적정 종업원의 수는 합리적으로 결정하였는지도 객관적으로 검토하고 진행하여야 한다. 그리고 이러한 창업계획을 원만히 추진하기 위한 창업준비 기간은 얼마나 소요되며, 총 사업비용은 얼마나 소요될지에 대한 정확한 예측을 사전에 해야 하는 것이다.

창업실패에 따른 결과가 개인에게 미치는 영향이 크므로 사업을 개시할 때는 반드시 시뮬레이션 운영에 의한 사업타당성 분석을 해 보아야 한다. 사업타당성을 검토할 때 주의할 점은 실현 가능성과 사업성공 여부에 대한 객관적 근거에 따라 판단해야 한다는 것이다. 성공에만 지나친 비중을 두고 사업에 임하는 것은 경계하여야 한다.

(5) 체계적인 사업계획서의 작성

사업추진계획은 반드시 자금 및 일정표와 함께 기본계획을 구체적으로 수립하여 시행하여야 한다. 사업시작 전에 창업 후 발생할 수 있는 여러 상황을 미리 확정하고, 예상문제들에 수반되는 해결방안을 마련하고 대비하여야 한다.

(6) 기업가로서의 자질개발

외식경영인은 생산에서부터 영업과 일반관리에 이르기까지 세심한 관심과 업무지식을 바탕으로 한 운영의 비결을 잘 알고 이를 시행할 때만 업소를 성공적으로 운영할 수 있다. 이를 위하여 경영인은 항상 기업운영에 대한 연구를 게을리하지 말아야 할 것이며, 각종 세미나나 교육에 참석하여 기업경영에 도움이 되는 지식을 꾸준히 습득해 나아가야 한다.

9. 외식창업 상세 체크포인트

외식업을 창업하는 과정에는 일반적으로 생각하는 것보다 유념하여 처리해야 할 것들이 많이 있다. 창업에 따른 단계별 과정을 먼저 생각하고 이를 위한 구체적인 준비서류와 관할 관청은 어디인지 등을 면밀히 파악하고 준비해야 한다. 창업 전 단계에서의 준비 소홀로 인한 실패가 발생하는 경우도 있기 때문이다.

(1) 임대차 계약서의 작성

"상가임대차보호법"의 법규에 맞게 계약서를 작성해야 한다. 지역별로 전세 보증금의 한도가 각각 다르다. 일반적으로 창업자의 마음에 드는 점포는 대부분 보증금액 한도를 넘어서는 경우가 대부분이다. 임대차 계약을 하기 전에 동기부등본 등을 철저히 열람하여 이상 유무를 사전에 파악하여야 한다.

(2) 컨셉 결정

선정한 주력메뉴에 따라 적정한 평수와 필요한 시설이 있다. 따라서 전문가와 상담 후 해당 컨셉을 정확하게 구체화시킬 필요가 있다. 불필요한 지출을 막으면서 최대한의 투자효과를 보도록 계획하고 상세한 설계가 뒤따라야 한다.

적은 비용으로도 훌륭한 컨셉이 나오는 경우가 있고 많은 비용을 들여야만 어울리는 메뉴가 있다. 그러므로 고객이 인지하고 있는 "업종기대치"와 고객이 알고 있는 "사전 인지가격"을 토대로 시설 수준의 정도를 결정해야 한다.

(3) 합리적인 공간의 확정과 용도 설정

출입문이 어느 쪽에 위치하여야 하는지, 주통로와의 일치성은 어느 정도인지 등을 우선적으로 결정하여야 한다.

출입구를 기준으로 카운터가 어느 부분에 있어야 하는지, 고객의 이동 동선이 시계 반대방향으로 흐르도록 설계되었는지 등, 특히 유리창이 있는 경우 출입문을 기준으로 가로형 배치와 세로형 배치의 차이점을 분석하고 합리적으로 배치하여야 한다. 룸을 배치할 경우 테이블의 크기와 의자 수를 결정하기 전에 고객의 이동로와 합리적인 서비스 동선을 우선 확보하도록 설계하여야 한다.

(4) 상호

상호는 매장의 이미지와 장기적인 매출에도 많은 영향을 주는 부분이므로 신중히 충분한 시간을 갖고 고려해야 한다.

상호작명에서 유념해야 할 요소로는

① 주력메뉴를 구체적으로 표현하여 상호를 보고 관련예약 등을 고려하게 해야 한다.

② 주 고객에게 친근감을 줄 수 있는 단어를 사용하거나 조어해야 한다.

③ 고객에게 친밀감을 주는 어휘의 사용과 함께 의미를 부여하면 더욱 좋다.

④ 시대적 흐름을 반영하여 신선한 느낌을 주어야 한다.

⑤ 주력메뉴를 상징하는 그림을 넣어 이미지가 각인될 수 있도록 한다.

⑥ 예약에 필요한 전화번호와 홈페이지 주소 등을 보조적으로 넣는다.

(5) 주력메뉴 선정

창업자는 주력메뉴를 결정할 때 아침 · 점심 · 저녁메뉴로 나누어 하여야 하며 매출의 비율은 20%, 30%, 50%를 기준으로 하는 것이 바람직하다.

일반적으로 점심 메뉴는 고객 확보를 위한 장치다. 점심 매출로 이익을 기대해서는 곤란하다. 점심은 회전시간도 짧기 때문에 박리다매를 선택하는 것이 바람직하다. 점심메뉴는 저녁메뉴와 일정한 연관성을 지녀야 하고, 자연스럽게 저녁 메뉴에 대한 기대감을 갖도록 만들어 줘야 한다.

(6) 가격 저항선을 의식해야 한다.

가격 저항선이란 인지가격과도 같은 말인데 시설이 우수하다고 하여 김치찌개를 만 원 받으면서 많은 고객이 이용하기를 기대해서는 곤란하다.

인지가격을 벗어나게 하기 위해서는 과감하게 메뉴를 고급화 하거나 안마 서비스와 같은 특정한 서비스를 포함시켜야 가능하다.

(7) 우수한 인테리어

인테리어 업자는 일반적으로 원가를 무시하고 자신의 작품을 만든다는 개념을 가지고 있기 때문에 고객과 종업원의 이동 동선을 무시할 여지가 있다. 따라서 정확히 테이블의 수량을 알려주고 배치할 위치와 색조, 톤, 그리고 재질을 전문가와 사전에 상의하여 결정한 후 공사를 시작해야 한다.

(8) 오픈 리허설 준비

대부분의 식당은 오픈 준비기간 없이 공사가 완료되는 시점에 영업을 시작하는 경우가 대부분이나 이는 고객에게 식당의 첫 이미지를 손상시키는 계기가 될 수 있다. 모든 준비가 끝났어도 3일 정도는 가상상황을 설정하고 모든 종업원과 기계 등을 작동하여 이상유무를 확인해야 한다.

특히 종업원의 서비스 마인드 적정성 여부를 일깨우고 교육시키는 일에 관심을 가져야 한다. 모든 메뉴를 만들어 전문가로부터 평가를 받고 개선점을 찾아 반영하는 시기도 리허설 기간에 중점적으로 이루어져야 한다.

(9) 과욕은 금물

대개는 창업과 동시에 큰 수익을 낼 것으로 기대하나 대부분의 경우 6개월 정도는 시장에서의 시험기간이라고 할 수 있다. 소비자는 해당 점포를 철저히 관찰하고 비교우위를 가린다. 또한 가까운 지인에게 구전하기도 한다.

이러한 시험기간을 거쳐 손익분기점에 도달하기 위해서는 각고의 노력이 필요하다. 그러므로 창업 시에는 6~12개월 정도의 충분한 운전자금을 갖고 개점해야 하는 것이다.

(10) 인력충원과 종업원 관리

외식업의 가장 큰 고객은 종업원이라 할 수 있다. 외식업은 인적 서비스 산업이므로 종업의 질이 바로 매출과 연결된다고 할 수 있다. 개점한 모든 외식업의 관리자가 가장 많이 호소하는 경영상의 어려움은 인적자원관리 부분이다. 종업원을 합리적으로 관리하는 여러 방법 중 최근에 많이 도입되고 있는 방식으로 성과급제를 들 수 있다.

월별 적정 매출과 영업이익을 정하고 이를 초과 달성하면 이익의 50%를 배분하는 방식으로 종업원의 동기부여를 가장 확실히 할 수 있는 제도이다.

또한 종업원별로 단골손님을 형성하게 하여 단골손님이 발생시킨 매출의 10%를 해당 종업원에게 적립시키는 방식도 매출에 긍정적인 영향을 주는 제도라고 할 수 있다. 이때 주의해야 할 요소로는 단골고객이 합리적으로 메뉴를 정하고 이용할 수 있도록 유도하며 응대하여야 하는 것이다. 종업원의 개별 인센티브제가 고객에게 필요 이상의 매출을 발생시켜 부담을 주면 역효과가 발생하기 때문이다.

Chapter 04 성공적인 외식업 경영을 위한 전략

1. 성공적인 레스토랑 경영을 위한 13가지 원칙

– Donald Smith : 휴스턴 대학의 교수 –

(1) 고객의 이름을 기억하라.

고객의 이름을 기억하기 위해서는 경영자가 영업일선에서 고객들의 의견을 경청하고 적극적인 관계를 형성해야 한다.

하나의 좋은 방법은 식사 중에 있는 고객들의 테이블을 방문하여 음식과 서비스, 그리고 전반적인 분위기 등에 대해서 의견을 나누고 명함을 주고 받으면서 그들의 이름을 기억하는 것이다. 여러 경영자가 이와 같은 방법을 사용하기 때문에 그들에게 보다 특별한 것을 제공하고 있다는 느낌을 주는 것이 중요하다.

경영자의 이러한 고객에 대한 서비스는 경쟁점포들이 쉽게 모방할 수 없는 소중한 경쟁수단이 된다. 또한 경영자는 자신뿐만 아니라 직원들까지도 고객의 이름을 쉽게 인식할 수 있도록 해주는 고객관리시스템을 구축하는 것이 필요하다.

(2) 고객의 자긍심을 높여라.

많은 고객 중에 특히 우리의 레스토랑을 자주 찾아오는 단골고객들에게 특별한 관심을 가져야 한다. 그들에게 음식의 맛도 중요하지만 경영자나 직원이 자신을 얼마만큼 인정(recognition)해 주느냐 하는 것도 매우 중요하다.

요즘 개인 바(private bar)에서 많이 적용하는 것으로, 고객들의 사진을 벽에 붙여 놓는다거나, 심지어 칵테일 메뉴명에 고객의 이름을 넣는 방법들이 있다. 또한 고객들의 생일이나 결혼기념일 등에 정성스럽게 카드를 보내는 방법 등으로 고객들을 감동시키는 방법도 사용될 수 있다.

(3) 최고의 가치를 느끼게 하라.

식사를 마친 고객들은 자신들이 지불한 돈의 가치보다 더 많은 것을 레스토랑으로부터 받았다고 느껴야 한다.

고객들에게 '가치'를 제공하기 위해서는 음식의 맛뿐만 아니라 음식의 양을 될 수 있는 한 여유있게 제공해야 하며, 음식의 가격을 책정할 때도 고객의 심리적 가격저항선 등을 고려하여 신중하게 결정해야 한다.

또한 메뉴 구성에 있어서도 고가격 · 고품질 메뉴들을 적절히 혼합하여 다양성을 확보해야 다양한 고객들의 '가치'를 충족시킬 수 있으며, 가능하다면 경쟁 레스토랑에서는 맛볼 수 없는 독특한 메뉴를 보유하는 것도 레스토랑의 가치를 높일 수 있는 방법이다.

(4) 특별한 감동을 선물하라.

고객들에게 항상 '기대하지 않았던 특별함'을 제공해야 한다. 예를 들어 고객들이 주문하지 않은 소량의 음식이나 음료 등을 제공하는 것이다. 가능한 한 경영자가 직접 고객의 테이블에 개인적으로 이것들을 제공해야 하며, 이 선물을 받는 고객은 일종의 '놀라움'을 느낄 것이다.

나아가서 고객들에게 메뉴에 대한 양목표(recipe)와 같은 레스토랑의 내부정보를 공유하도록 하고, 그들의 아이디어를 경청하는 방법도 고객들에게 '기대하지 않았던 특별함'을 제공하는 것이다.

(5) 진심어린 감사를 표현하라.

일반적으로 레스토랑으로 들어온 고객들은 5군데의 내부의 지점을 경유할 것이다. 레스토랑의 출입문은 그 중에서 가장 먼저 맞는 인지각인의 장소이다. 고객들이 레스토랑에 발을 들여놓는 순간, 그들이 올바른 선택을 했다는 생각을 가지도록 해야 한다.

항상 출입구에서는 친절하고 상냥한 종업원이 맞아야 하며, 장소별로 느낄 수 있는 최상의 고객중심 매뉴얼이 있어야 한다. 종업원들이 교육에 의해 서비스를 제공하는 전문가다운 면모가 고객으로부터 느껴져야 한다.

(6) 고객의 마음을 읽어라.

진심어린 서비스자세는 고객으로부터 업소에 대한 충성심을 유발하고 이를 지속적으로 내면화 한다.

바람직한 고객관리요령은 다음과 같다.

① 고객응대 시 먼저 시선을 맞춘다.
② 고객에게 항상 미소를 짓는다.
③ 고객의 필요를 미리 파악하여 대응한다.
④ 고객과의 대화 중에는 고객의 요구 등에만 집중한다.
⑤ 진심으로 고객의 방문에 감사의 마음을 전한다.

(7) 메뉴의 적정성을 점검하라.

대부분의 성공적인 레스토랑들은 고객들이 선호하는 일반적인 메뉴를 그들만의 비법에 의해 특별하게 만드는 노력을 기울인다. 그들의 이와같은 특별한 노력은 경쟁업소에서 동일 메뉴를 쉽게 모방할 수 없는 경쟁적 이익을 가져다준다.

따라서 레스토랑 경영자는 자신의 레스토랑이 독점적 위치를 확보할 수 있는 독창적 메뉴를 개발하고, 이를 자신의 고객들에게 제공할 수 있는 능력을 갖추어야 한다.

또한 메뉴의 단순화는 레스토랑 성공의 중요한 요소이다. 너무 많은 메뉴는 고객들의 관심을 분산시키는 부정적인 요인로 작용할 수 있으며, 레스토랑 운영에 있어 비용(인건비 및 식재료비)을 증대시킬 수 있다.

매출증대를 위하여 주 메뉴 및 음료 등에 있어, 요일별 또는 주간별 스페셜 메뉴를 개발하여 고객들의 다양한 기호를 충족시킴으로써 단순하게 구성된 메뉴를 보완하는 것도 좋은 방법이다.

경영자는 영업을 개시하기 전에 고객들에게 판매되는 메뉴들을 미리 시식함으로써 메뉴의 질과 식재료의 신선도를 사전에 점검하고 고객의 만족도를 미리 헤아려 선제적으로 대응하여야 한다.

(8) 빵과 과자류는 가능하면 직접 만들어라.

레스토랑에서 빵과 디저트를 포함한 제과제빵류를 제공한다면 이를 보다 특별히 관리하여 매출증대로 가져가야 한다.

많은 레스토랑에서 제과제빵류는 주요 메뉴를 보조하는 매개 메뉴로 인식되지만, 제과제빵류를 레스토랑 내에서 직접 만들어 신선하게 제공할 수 있다면 다른 경쟁업체에 비하여 중요한 경쟁우위수단을 확보하게 되는 것이다.

(9) 레스토랑 방문 후 즉시 스낵을 제공하라.

고객들이 테이블에 착석한 후, 3분 이내에 약간의 허기를 채울 간단한 음식(스낵류)이나 음료를 제공하는 것이 좋다.

특히 이러한 식사 전 무료간식 제공은 레스토랑이 매우 바쁠 때에 발생하는 서비스의 지연 등으로 인한 고객 불만을 상당히 감소시킬 수 있다.

(10) 손님이 많은 업소로 보이게 하라.

레스토랑이 많은 사람들로 붐비고 있는 상황을 목격할 때, 고객들은 자신의 선택이 옳았다고 생각한다. 다른 많은 사람들이 자신이 선택한 레스토랑을 이용하고 있다는 사실, 즉 사회적 동조화는 레스토랑에 돈을 지불한 후 발생할 수 있는 인지부조화를 감소시킬 수 있다. 따라서 한가한 시간대에 레스토랑의 빈 공간들을 감추기 위해서 홀 내부에 칸막이 등을 설치하고, 고객이 많이 방문할 시간에는 제거하는 융통성을 가져야 한다.

(11) 단골고객에게 투자하라.

독립적인 레스토랑의 경우에 전체 프로모션 비용의 70~80% 가량을 레스토랑 재방문 고객에게 투자해야 한다. 개인 레스토랑에서는 외부 광고가 큰 효과를 발휘할 수 없기 때문이다.

대부분의 독립적인 레스토랑의 고객들은 광고보다는 친지나 동료들의 구전에 의해서 레스토랑을 방문하기 때문이다. 또한 고객들에게 흥미를 유발할 수 있는 정기적인 내부 이벤트나 축제를 계획하고 진행하여야 한다.

(12) 레스토랑 구성원에게 즐거움을 제공하라.

훌륭한 레스토랑 경영자는 직원들에게 요구하는 것보다 더 많은 것을 제공하기 위해 노력한다. 직원들이 일을 수행하는 데 필요한 지식이나 경험을 향상시키기 위해 정기적인 연수나 교육의 기회를 제공하고, 자신의 행위가 종업원의 모델이 됨을 항상 깨닫고 교육적인 행동을 하려고 노력한다.

스스로 고객에게 친절한 서비스행위를 하며 이를 교육으로 표준화하는 데 열정을 기울인다. 종업원과의 대화 기회를 늘 열어놓고 있으며 그들의 애로사항을 가족의 어려움으로 생각하고 적극적으로 방법을 제시한다.

또한 정기적인 미팅과 회식을 통하여 감정의 공유를 통한 일체감 조성에도 심혈을 기울인다.

(13) 고객에게는 항상 '예' 라고 답한다.

직원들의 고객응대의식은 항상 '예' 라고 말할 수 있는 적극적인 자세로 표준화되어 있어야 하고, 이는 정기적이고 지속적인 교육에 의해서만 이루어질 수 있음을 알아야 한다. 항상 자신을 양보하고 고객을 우선시 하는 적극적인 서비스의식이 확립되어 있어야 성공적인 레스토랑으로 이끌 수 있기 때문이다.

2. 컨셉 및 메뉴 전략 수립

레스토랑 창업을 위한 단계적 과정을 살펴보면 먼저 사업계획을 작성해야 한다. 사업계획서는 사전 타당성조사에서부터 예상매출액 산출 등 여러 분야에 걸쳐 객관적으로 기술되어야 한다.

또한 사업계획서 작성은 독창적인 아이디어에 의한 레스토랑 컨셉을 확정하고 고객의 반응을 예측하여 작성되어야 한다. 사업계획서의 구성요소들은 계획서 전체를 위한 분야별 지식 등을 열거하였으며, 각각의 구성요소들은 상호 관련되어 있다. 또한 경영자의 경영철학이 반영되어 있어야 하며, 사업계획서의 요소마다 일관되게 살아 있어야 한다.

(1) 사업계획의 7가지 구성요소

① 컨셉(concept)　② 메뉴(menu)
③ 시장(market)　④ 경쟁(competition)
⑤ 입지(location)　⑥ 매출계획(financial projections)
⑦ 영업일수 및 시간

① 컨셉(concept) 설정하기

컨셉은 여러 가지 형태로 정의될 수 있다. 하지만 간단히 정의하면, 마음에 내재되어 있는 생각(idea)이다. 그리고 컨셉의 형성(concept formation)은 특정한 경험들을 일반적인 규칙이나 형태로 전환시키는 과정이 된다.

특히 레스토랑 컨셉의 형성은 서비스, 메뉴, 인테리어 등에 있어서 경영자가 중요하게 고려하는 요소를 구체화시키고, 성격들이 상호 연결되고 고객들에게 하나로 통합되어(통합된 이미지) 나타나게 하는 데 있다.

따라서 레스토랑의 컨셉을 결정하는 것은, 레스토랑의 창업과정과 동일시 할 수 있다. 아래에 설명되는 내용들은 창업계획을 수립할 때 레스토랑의 컨셉을 결정하는 데에 영향을 미치게 되는 요소들이다.

예 1〉 ㅇㅇㅇ레스토랑은 미국식 샌드위치, 햄버거 등을 맥주와 함께 제공하는 안락한 느낌의 테번(tavern : 선술집)이다. 이러한 레스토랑은 이웃과 함께하는 지역적 특색을 나타내는 인테리어를 해야 하며 복잡한 생활의 틀을 벗어나 대화의 장소로 이용할 수 있게 편안한 분위기로 꾸며야 한다.

예 2〉 ㅇㅇㅇ레스토랑을 그릴과 스테이크 전문점으로 운영하고자 한다면 조용하고 품격있는 분위기로 인테리어를 꾸며야 한다.

또한 그들만의 독립된 공간을 제공하기 위해 특별히 설계된 방을 제공하여야 하며 독특한 집기 비품들이 갖추어져 있어야 한다.

② 메뉴(menu)구성

메뉴구성은 경쟁사를 이길 수 있는 수단이 되며 동시에 고객의 방문을 유도할 수 있는 매개체가 된다. 메뉴의 구성이 레스토랑의 성패를 결정하는 가장 큰 요소라고 할 수 있다. 메뉴는 정규메뉴, 특별메뉴, 순환메뉴 등으로 구성한다.

예 1〉 ㅇㅇㅇ레스토랑은 운동선수들이 주로 많이 이용하는 선수촌 주변에 있다. 이러한 경우는 일반레스토랑에 비하여 칼로리가 높은 식단으로 구성하여야 한다.

또한 그들을 방문하는 가족이나 친지들을 위한 메뉴도 곁들여야 한다.

예 2〉 ㅇㅇㅇ레스토랑은 아파트단지에 인접하고 있어 가족과 직장인을 위한 합리적이며 독특한 메뉴로 구성하고자 한다. 이러한 경우는 가격과 메뉴의 특징이 더욱 부각되는 경우이므로 고객의 요구조사에 근거한 메뉴작성에 더욱 심혈을 기울여야 한다.

③ 시장(market)조사

시장조사는 레스토랑 창업계획 시 가장 먼저 고려하여야 하는 요소라고 할 수 있다. 시장조사는 국내시장조사와 지역시장조사로 대별하여 이루어져야 한다.

예 1〉 국제적으로 유가가 폭등하여 공산품 등의 물가가 앙등하고 있는 시기인 경우 고단가의 메뉴구성은 시장친화적이 아니므로 삼가야 한다. 고유가에 따른 수출기업의 명암 등과 시장상황의 지속여부도 충분히 선제적으로 고려하여야 한다.

예 2〉 최근에 부산을 중심으로 씨푸드부페가 높은 인기를 끌고 있으며 체인점들이 급증하고 있다. 이러한 경우는 해당 점포의 인기비결이 무엇인가를 면밀히 검토하고 지속여부를 파악하여야 한다. 메뉴의 순환주기와 외국의 사례도 좋은 자료가 된다.

④ 경쟁(competition)의 수준

대개 모든 레스토랑 유형에서 창업입지 주변에 경쟁점포들이 산재한 경우를 경험하게 된다. 경쟁점포가 많은 것이 꼭 불리하다고 단정할 수는 없으나 그들의 점포별 운영상황을 면밀히 파악하여 창업계획에 반영하여야 한다.

예 1〉 ㅇㅇㅇ레스토랑은 갈비집을 서울도심에 계획하고 있다. 입지 주변을 조사한 결과 반경 500m에 2개의 점포가 영업을 하고 있다. 이러한 경우는 두 점포에 대한 일일 방문고객수를 조사하고 아울러 객단가를 파악하여 일일매출액을 확인한 후 대응해야 한다.

예 2〉 선술집을 종로에 창업하고자 하는 경우는 입지와 사무실 밀집지역과의 거리, 유동인구, 상시거주자 수 등을 면밀히 조사하고 아울러 주변인의 월평균 소득을 파악하며 그들이 이용하는 경쟁점포의 매출상황을 분석하고 대응하여야 한다.

⑤ 입지(location)

입지는 한번 정하면 변경할 수 없는 유일한 경영의 요소라고 할 수 있다. 그러므로 입지를 선정하기 전에 충분한 사전답사와 주변의 환경, 상주인구 등을 면밀히 파악하고 객관화하여 최상의 입지를 발굴하여야 한다.

예 1〉 ㅇㅇㅇ은 대학가 주변에 창업하는 것을 검토하고 있다. 학기 중에는 많은 학생들로 붐비나 방학 중에는 거주자 수가 급격히 감소하는 상황이다. 유입가능한 인근의 아파트단지 등을 조사하여 시장규모를 파악하여야 하는 경우이다.

예 2〉 ㅇㅇㅇ은 사무실이 밀집한 지역에 창업을 준비하고 있다. 평일에는 상주인구가 많아 영업이 비교적 잘 되는 편이나 토요일과 일요일에는 이용고객 급감현상이 예상되는 지역이다. 인접한 주거지역과의 거리 등을 면밀히 분석하고 대응하여야 하는 입지이다.

⑥ 매출계획(financial projections)

외식업 운영의 기본이 되는 것은 당연히 영업이익이라고 할 수 있다. 영업이익은 매출액의 수준에 따라 결정되기 때문에 적정한 매출계획과 실현계획은 창업 시 충분히 고려되고 확정되어야 한다. 실현가능한 매출액보다 목표치는 10% 정도 상향하여 설정하는 것이 바람직하다. 매출액에 중요한 역할을 하는 것이 좌석의 크기, 좌석 수 등이다. 좌석과 테이블은 레스토랑 사업에서 매우 중요한 자산이다.

테이블의 크기와 수 등을 총합하여 발휘되는 결과에 따라 총 매출이 결정되며, 이는 향후 외식기업의 미래를 결정하는 중요요소로 작용한다.

매출에 중요한 영향을 끼치는 레스토랑 내 요소는 다음과 같다.

① 테이블 크기
② 테이블의 변형성(flexibility)
③ 착석의 형태(단독 또는 복수 착석)
④ 착석 혼합형태 : 2인용, 4인용, 6인용 등

테이블의 변형성(table flexibility)

레스토랑의 수용능력을 최대화하기 위해 테이블 수를 바꿀 수 있는 능력을 말한다. 예를 들어, 동일한 공간의 6 테이블에 24좌석 또는 12 테이블에 60좌석을 만들 수 있다. 일반적으로 테이블을 합쳐서 많은 좌석을 창출한다.

⑦ 영업일수 및 시간

영업일수 및 시간의 조정은 레스토랑 매출 전체에 지대한 영향을 주게 된다. 이는 목표 매출액 및 운영비 등을 산출하는 기초가 된다. 즉 매출 및 인건비 등의 중요한 재무성과 지표에 직접적 영향을 주게 된다.

따라서 영업일수 및 시간 결정에 있어서 시장의 수요 및 설정된 레스토랑의 운영스타일 등을 사전에 고려하여야 한다.

3. 메뉴계획을 수립할 때 고려사항

창업메뉴는 특히 과학적으로 계획되어야 하며, 계획과 시행과정에 많은 시간과 노력을 투입하여야 한다. 이는 영업의 성패를 좌우하는 주요요소이므로 충분한 인력과 자금의 지원에 인색하지 말아야 한다.

메뉴 계획을 할 때는 용이한 식자재구매 상황, 가용 조리기구의 배치상황, 조리원의 숙련도, 원가비중 등 다양한 요소를 복합적으로 고려하여 결정해야 한다. 성공적인 메뉴 개발을 위한 주요 전략들을 간단히 설명하면 다음과 같다.

(1) 단순화(simplicity)

메뉴 컨셉의 단순화는 이에 수반되는 많은 장점이 있다. 특히 레스토랑을 체인화하고자 한다면, 단순한 메뉴는 성공의 열쇠가 된다. 이러한 메뉴의 특징은 복잡한 메뉴 컨셉에 비해 조리과정이나 서비스 절차가 쉽기 때문에 적은 수의 직원으로도 신속하고 용이한 서비스를 할 수 있도록 도와 준다.

또한 직원들에 대한 교육이 용이하여 레스토랑이 갖고 있는 메뉴의 질과 양에 대한 일관성을 유지하는데 용이하다. 다점포의 프랜차이즈 체인점의 경우에는 몇 십 개 혹은 몇 백 개의 체인점들이 일정한 양과 질의 메뉴를 고객들에게 제공해야 하기 때문에 메뉴의 형태가 단순하고 쉽게 교육될 수 있어야 한다.

(2) 식재료의 가용성(availability)

아무리 맛있는 메뉴를 개발하더라도 해당 메뉴의 식자재를 쉽게 구할 수 없거나 계절적인 요인 및 다른 외생 변수에 의해 공급에 차질을 가져온다면, 좋은 메뉴라고 말할 수 없다. 메뉴의 질은 주로 정확한 양의 재료가 가미되어야 향상될 수 있다.

따라서 식재료를 쉽게 구하기 어려운 메뉴를 채택하는 경우, 상황에 따라 고객들에게 적절히 메뉴가 제공되지 못하기 때문에 결과적으로 레스토랑 전체에 대한 불신감을 갖게 할 수 있다. 따라서 식재료의 가용성을 반드시 고려한 후 메뉴를 계획해야 한다.

합리적인 식재료를 사용하여 만든 메뉴는 음식의 질적 향상으로 연결되어 고객감동으로 나타나야 하며 음식의 질을 결정하는 주요 요소는 다음과 같다.

① 색(color)

고객들은 음식을 선택할 때 색깔을 매우 중요하게 생각한다. 우선적으로 그들은 눈으로 음식을 선택하게 된다. 나아가 흥미롭게 연출되는 색의 조화는 음식에 대한 선호 및 고객의 입맛을 돋우는데 영향을 준다.

음식사진을 전단지 등에 인쇄하여 홍보물로 사용할 경우, 음식의 색상은 고객의 욕구를 불러내는 중요한 요소로 작용한다. 주재료의 색상과 곁들임 채소 등의 색상이 적절히 구성되고 조화를 이루어야 한다.

② 질감과 형태(texture & shape)

음식의 형태는 고객이 음식을 맛보기 전에 음식에 대한 이미지에 영향을 미치게 되며. 음식의 질감은 입을 통한 감촉으로 맛에 대한 첫 번째 느낌으로 확정되며, 중요한 맛의 인지요소로 기억된다.

고객의 편의를 도모하기 위하여 메뉴판에, 음식에 대한 적절한 표현을 기입할 수 있다. 즉, 부드러운(soft), 질긴(hard), 바삭바삭한(crispy), 오도독한(crunchy), 씹히는(chewy), 구미에 당기는(smooth), 부스러지는(brittle), 그리고 거친(grainy) 등의 형용사로 고객의 이해를 도울 수 있다.

③ 농도(consistency)

농도는 음식의 점성이나 끈적한 정도를 말하며, 다양한 형용사로 고객들에게 메뉴의 특징을 전달할 수 있다. 음식의 농도를 표현하는 형용사로는 액체 모양의(runny), 반죽같은(pasty), 묽은(thick), 찐득찐득한(sticky), 그리고 끈적거리는(gummt) 등이 사용될 수 있다. 포장판매를 실시하는 레스토랑의 경우 저농도의 메뉴가 포장과 운반 등에 미치는 영향을 고려하여 메뉴개발에 참조하여야 한다.

④ 맛(flavor)

메뉴는 다양한 맛의 특징을 고루 나타내도록 구성하여야 하며, 메뉴마다 주맛과 보조맛이 적절한 조화를 이루도록 고려하여야 한다. 맛을 편향되게 구성하면 안 되고 다양과 주맛과 수많은 보조맛의 향연으로 하나의 맛 오케스트라를 구성하도록 전체메뉴를 구성하여야 한다.

맛을 구성한 후에는 반드시 시장조사를 통한 맛의 확정과정을 거쳐야 한다. 많은 시장조사를 통하여 엄선된 맛을 결정할 수 있으며 선정된 맛은 표준화의 절차를 거쳐야 한다.

⑤ 조리방식

개별 요리마다 특징적인 조리방식을 채택하여야 하며, 조리방식에 따라 독특한 맛을 메뉴에서 느낄 수 있도록 하여야 한다.

조리기기에 따른 방식의 변화가 따라야 하므로 최신의 조리기구 사용도 적극적으로 고려하여야 한다. 합리적인 조리기구의 사용은 생산성 향상으로 이어지고 품질과도 직결되므로 과학적으로 설계된 기구의 도입을 적극 고려하여야 한다. 조리기기에 대한 초기투자비와 감가상각비, 생산성 향상, 품질 향상 등을 종합하여 고려하여야 한다.

⑥ 음식의 온도

고객이 만들어진 요리를 섭취할 때까지 소요되는 시간은 음식의 온도와 직결된다. 잘 만들어진 요리라도 섭취온도가 적정하지 않으면 고객만족을 이끌어 내지 못한다. 그러므로 제조시의 온도관리, 이동시의 온도관리, 제공시의 온도관리 등이 종합적으로 고려되어야 한다.

⑦ 프레젠테이션(presentation)

고객에게 제공된 음식의 모양은 고객의 만족 정도에 커다란 영향을 끼친다. 접시에 담은 형태, 주재료와 보조재료의 배열, 색상의 조합 등이 전체적으로 어울려야 고객만족을 이끌어 낼 수 있다.

메뉴를 포장하여 이동하는 경우를 고려하여 포장지도 내용물과 조화를 이룰 수 있도록 고려하는 것이 바람직하다. 고객에게 제공되는 메뉴와 홍보용 사진은 동일하여야 하며 재료가 부득이 변경되었을 경우에는 고객에게 충분히 설명하고 이해를 구하여야 한다.

(3) 메뉴의 영양적 요소

건강에 대한 관심 고조와 장수시대의 진입으로 인하여 영양에 대한 관심이 높아지고 있다. 특이한 요소로는 영양결핍에 대한 관심이 아니라 과잉영양섭취에 따른 건강장해요소 등에 대한 관심이다.

최근에 급격히 증가한 뷔페레스토랑은 특히 영양과잉에 대한 관심과 우려를 낳고 있다. 따라서 현대사회의 식문화에는 맛있는 요리를 충분히 즐기면서도 과잉영양섭취로부터 자유로워 건강한 생활을 영위할 수 있는 지혜가 절실히 요구되고 있다.

그러므로 고객의 건강을 고려하여 메뉴가 개발되어야 하며, 적정한 영양성분을 표시하는 것도 고려할 수 있다.

(4) 원가의 효율성

메뉴의 성공요소를 두루 갖추었다고 하더라도 적정한 원가를 맞추지 못하였다면 성공적인 메뉴개발을 하였다고 할 수 없다. 일반적인 레스토랑의 경우 식재료원가가 35%를 넘으면 안된다.

부득이 원가기준을 초과하였을 경우는 다판매 메뉴로 구성하고 목표판매수량을 달성하여야 한다. 또한 식재료의 계절별 원가변동 상황을 충분히 예측하고 미리 반영하여야 한다.

4. 메뉴개발 절차

성공적인 메뉴개발을 위해서는 수반되어야 할 여러 요소들이 있다.

메뉴개발에 필요한 여러 요소들은 다음과 같다.

(1) 메뉴 선호도 조사

성공적인 메뉴 컨셉은 고객의 특정 음식에 대한 선호도를 결정하고 유입의 정도를 가늠할 수 있는 기준이 된다. 일반적으로 선호되는 메뉴의 유형도 시대에 따라 변화하고 있다. 이러한 고객의 요구를 심층적으로 조사하여 메뉴개발의 방향을 결정하여야 한다.

선호도 조사분야는 다음과 같다.

① 연령별 메뉴 선호도 분석
② 성별 메뉴 선호도 분석
③ 직업별 메뉴 선호도 분석
④ 소득별 메뉴 선호도 분석
⑤ 시간별 메뉴 선호도 분석(점심/저녁 메뉴 구분)

1. 연 령 :			2. 성 별 :	
3. 직 업 :			4. 연소득 :	

1	2	3	4	5	6	7

매우 싫어한다.	⇐ 보 통 ⇒	매우 선호한다.
점심 메뉴	평 가	비 고
1. 갈비탕	1 2 3 4 5 6 7	
2. 볶음밥	〃	
3. 만둣국	〃	
4. 떡볶이	〃	
5. 김치찌개	〃	
6. 삼겹살	〃	
7. 삼계탕		

그림 4-1 메뉴 선호도 조사를 위한 설문지의 예

(2) 양목표(recipe) 표준화

경쟁력있는 메뉴가 개발되었으면 이를 표준화하여 계절과 시간의 경과에 변동되지 않는 균일한 제품을 생산하여야 한다. 종업원의 변동에도 메뉴의 품질은 균일하게 유지되어야 하며 이를 위하여 과학적인 양목표 표준화가 이루어져야 한다. 양목표의 표준화는 식자재 구입을 합리적으로 할 수 있는 기초자료가 된다.

양목표 표준화와 더불어 제조과정에 대한 표준화도 동시에 이루어져야 한다. 표준화한 메뉴도 3개월에 1회 정도는 표준화 이행여부에 대한 조사를 하여 오차 범위 내에서 관리하여야 한다.

메뉴명 : 날 짜 :

① 형태 ② 색
③ 질감 ④ 맛
⑤ 적정량

총 평 :

매우 불만족 보 통 매우 만족

그림 4-2 양목표 테스트 점수표의 예

(3) 메뉴 원가분석 및 가격책정

메뉴개발 시 고려하여야 할 주요 요소 중 적정한 원가율이 있다. 적정원가율을 계산할 때 총투자비와 경비, 인건비 등을 전체적으로 고려하여 조합하고 반영하여야 한다.

모든 메뉴의 원가가 적정치에 일치할 수는 없으나 일반적으로 근사일치가 50%, 낮은 메뉴가 25% 정도, 높은 메뉴가 25% 정도로 구성되는 것이 바람직하다. 계절별 재료비의 등락에 따른 변동을 고려하여 원가율을 설정하여야 한다.

다음은 메뉴 가격을 책정할 때에 고려되어야 할 사항이다.

① 고객이 인지한 가치
② 경쟁점포의 가격수준
③ 정부의 규제 및 개입
④ 서비스의 질과 메뉴의 질
⑤ 고정비용을 포함한 제 비용
⑥ 식료원가 및 조리방식
⑦ 총 투자금의 정도 및 이자율
⑧ 희망하는 수익률

상술한 내용 외에도 많은 직 · 간접 요소들이 있으나 일반적으로 초보 창업자들은 경쟁점포의 가격을 고려한 가격정책을 많이 활용한다. 가격정책은 품질의 수준에 따라서도 많은 영향을 받으므로 동일한 가격이라 하더라도 부단히 메뉴수준을 상향조정함으로써 경쟁력을 높여가야 한다.

수요의 가격탄력성

가격의 변화에 따른 수요의 변동폭이 높으면 가격의 탄력성이 높고, 반대로 수요의 변동폭이 낮으면 가격 비탄력적이라고 말한다.

책정한 메뉴가격의 적정성 여부는 시장의 환경변화에 따라 조정되고 반영되어야 한다. 식재료 가격의 변화, 경쟁업소의 가격정책 등을 항상 조사하여 이를 능동적으로 반영함으로써 고객의 이탈을 사전에 방지하여야 한다.

가격동향을 정기적으로 파악하고 시행함과 동시에 가격의 탄력성을 완만히 유지할 수 있도록 제품의 품질수준을 높이고, 이를 표준화하여 관리하는 노력을 게을리하지 말아야 한다.

메뉴 구분	메뉴명	메뉴 가격	메뉴 원가	원가율	경쟁점포1의 메뉴가격	경쟁점포2의 메뉴가격	경쟁점포3의 메뉴가격	평균차이
전채요리								
수프								
샐러드								
주요리								
디저트								

그림 4-3 메뉴/원가 및 가격 관리표

참고 문헌

김성혁(2008). “호텔관광서비스 마케팅”, 백산출판사.

문태식(2005). “프랜차이즈 바이블”, 백산출판사.

백남길(2012). “외식마케팅 사례를 중심으로”, 백산출판사.

이유재(2006). 서비스 마케팅, 학현사.

이정학(2009). 서비스 마케팅, 대왕사.

최정길(2007). 원가관리, 무역경영사.

홍기운(2009). 최신외식산업개론, 대왕사.

Amstrong, G.(2001). “Principles of Marketing 9th ed”. Prentice-Hill, inc, 501-512.

Jeff A. Katz(1997). “Restaurant Planning, Design, and Construction”, John Wiley & Sons, Inc.

Kotler, Philip, Bowen, John, and Makens, James(1999). “Marketing for Hospitality and Tourism”, 2nd ed, Prentice Hall.

Kotler, Philip, Bowen, John, and Makens, James(2003). “Marketing for Hospitality and Tourism”, 3nd ed, Prentice Hall.

Mahmood A. Khan(1999). “Restaurant Franchising”, 2nd ed. John Wiley & Sons, Inc.

한식세계화를 위한 한국요리

Korean Cuisine for Globalization

2012년 9월 15일 초판 발행
2019년 10월 20일 재판 발행

저 자 • 안종철

발행인 • 주병오 · 주민기

발행처 • ㈜지구문화
JIGU CULTURE Co.Ltd

경기도 파주시 문발동
파주출판문화정보산업단지 518－2

전화 • 영업팀 (031) 955－7566／7577
편집팀 (031) 955－7731
FAX • (031)955－7730
홈페이지 • www.ji-gu.co.kr
전자우편 • jigupub@hanmail.net

값 • 27,000원

ISBN 978－89－7006－611－0